그래프 신경망 입문

그래프 신경망 입문

즈위안 리우·지에 저우 지음
정지수 옮김

에이콘

에이콘출판의 기틀을 마련하신 故 정완재 선생님 (1935-2004)

지은이 소개

즈위안 리우 Zhiyuan Liu

칭화대학교 컴퓨터공학과 부교수다. 칭화대학교 컴퓨터공학과에서 2006년에 학사, 2011년에 박사학위를 받았다. 관심 연구 분야는 자연어 처리와 소셜 컴퓨팅이다. IJCAI, AAAI, ACL, EMNLP를 포함해 학회와 저널에 60편 이상의 논문을 발표했다.

지에 저우 Jie Zhou

칭화대학교 컴퓨터공학과 석사 2년 차 학생이다. 칭화대학교에서 2016년에 학사학위를 받았다. 관심 연구 분야는 그래프 신경망과 자연어 처리다.

딥러닝은 컴퓨터 비전, 자연어 처리 등의 많은 분야에서 유망한 발전을 이뤘다. 이런 작업에서 사용되는 데이터는 일반석으로 유클리드 영역에서 표현된다. 하지만 물리적 시스템 모델링, 분자 핑거프린트 학습, 단백질 인터페이스 예측 등 원소 간의 풍부한 관계 정보를 포함하는 비유클리드 그래프 데이터를 다루는 작업들도 많다. 그래프 신경망^{GNN, Graph Neural Network}은 그래프에서 작동하는 딥러닝 기반 방법이다. 믿을 만한 성능과 높은 해석 가능성 때문에 그래프 신경망은 최근 널리 적용되는 그래프 분석 방법이다.

이 책은 그래프 신경망의 기본 개념과 모델, 응용 분야를 포괄적으로 소개한다. 수학과 신경망의 기초부터 시작한다. 1장에서는 독자에게 일반적인 개요를 제공하기 위해 GNN의 기본 개념을 소개한다. 그 후 그래프 합성곱 네트워크, 그래프 순환 네트워크, 그래프 어텐션 네트워크, 그래프 잔차 네트워크, 몇 가지 일반적인 프레임워크 등 GNN의 여러 가지 변형을 소개한다. 이 변형들은 합성곱 신경망, 순환 신경망, 어텐션 메커니즘, 스킵 커넥션 등 딥러닝 기술을 그래프로 일반화한다. 더 나아가 구조적 시나리오(물리학, 화학, 지식 그래프), 비구조적 시나리오(이미지, 텍스트), 그 외 시나리오(생성 모델, 조합적 최적화) 등 다양한 분야에 적용할 수 있는 GNN을 소개한다. 마지막으로 관련된 데이터셋, 오픈소스 플랫폼, GNN의 구현을 알려준다.

이 책은 다음과 같이 구성되어 있다. 1장에서 개요를 살펴본 후 2장에서는 수학과 그래프 이론에 대한 기초 지식을 소개한다. 3장에서 신경망의 기초를 살펴보고, 4장에서 GNN의 기본 형태를 알아본다. 5장, 6장, 7장, 8장에서 네 종류의 모델을 소개한다. 9장과 10장에서 다른 그래프 종류의 변형과 고급 학습 방법을 설명한다. 그리고 11장에서 일반적인 GNN 프레임워크를 설명한다. 12장, 13장, 14장에서 구조적 시나리오, 비구조적 시나리오,

그 외 시나리오에 대한 GNN의 응용을 알아본다. 15장에서는 몇 가지 오픈 소스를 제공한다.

즈위안 리우와 지에 저우

2020년 3월

| 감사의 글 |

각 장에 기여하고 조언을 해주신 분들께 감사의 마음을 전한다.

  1장: 간쿠 쿠이, 젱얀 장
  2장: 유시 바이
  3장: 유시 바이
  4장: 젱얀 장
  9장: 젱얀 장, 간쿠 쿠이, 셍딩 후
  10장: 간쿠 쿠이
  12장: 간쿠 쿠이
  13장: 간쿠 쿠이, 젱얀 장
  14장: 간쿠 쿠이, 젱얀 장
  15장: 유시 바이, 셍딩 후

또한 책의 내용에 대해 피드백을 제공해준 청 양, 뤼동 우, 창 슈, 유펭 두, 지아유 장에게도 감사를 전한다.

마지막으로 책의 출판을 도와준 편집자, 리뷰어, 스태프들에게도 고맙다는 말을 하고 싶다. 여러분의 도움이 없었다면 이 책을 출판하는 건 불가능했을 것이다.

| 옮긴이 소개 |

정지수(jisujeong89@gmail.com)

카이스트 수리과학과에서 학사, 석사, 박사학위를 받았으며, 세부 전공은 그래프 이론이다. 졸업 후 삼성SDS에서 AI 기반 빅데이터 분석 플랫폼 브라이틱스^{Brightics}를 만들었다. 그 후 왓챠에서 개인화 추천 모델을 연구하고 개발했다. 현재는 네이버 클로바에서 서비스에 적용할 머신러닝 모델도 만들고 논문도 쓰며 재미있는 시간을 보내고 있다. 관심 있는 분야는 추천 시스템이고 관심 있는 방법론은 그래프 신경망을 사용하는 모델들이다. 뉴스(https://www.ddaily.co.kr/news/article/?no=220925)와 유튜브(https://youtu.be/jFDxoOq1EBI)에서 만나볼 수 있다.

옮긴이의 말

그래프 신경망은 2017년, 2018년부터 활발하게 연구됐으며, 지금도 많은 사람이 한계를 극복하고자 많은 시도와 노력을 하고 있습니다. 다양한 분야에서 놀라운 성능을 보여주고 있으며, 특히 그래프 신경망으로 향기, 교통량 등을 예측할 수 있다는 논문들은 신선한 충격으로 다가왔습니다. 그래프 신경망은 논문에서만 이뤄지는 연구가 아니라 핀터레스트, 우버, 네이버 등 실제로 많은 회사에서 서비스에 적용할 만큼 검증된 모델입니다.

이 책은 딥러닝을 알고 있는 사람들을 대상으로 쓰여서 딥러닝을 처음 접하는 분들은 책이 친절하지 않다고 느끼실 수 있습니다. 하지만 그래프 신경망의 변형과 응용 분야를 다양하게 소개하고 있어서 목차를 보고 본인의 기존 관심사와 겹치는 부분만 읽는 방법도 좋을 것으로 생각됩니다. 책을 읽다가 특정 모델을 더 깊게 알고 싶어지면 논문을 직접 읽는 것을 추천합니다. 딥러닝을 아는 사람들이 그래프 신경망을 시작하기 위한 지침서 정도로 생각해주시면 좋을 것 같습니다. 이 책으로 많은 사람이 그래프 신경망에 흥미를 느끼길 바랍니다.

재작년에 번역을 의뢰받았을 때는 빠르게 번역을 완료하고자 했으나 이런저런 이유로 늦어진 점이 아쉽습니다. 학부 때부터 영어 책으로 공부를 했기에 한국어로 된 전공 서적을 많이 접하지 못해 번역이 생각보다 많이 어려웠습니다. 이 책의 번역을 마칠 수 있도록 응원해준 가족들과 직장 동료들에게 감사 인사를 전합니다. 에이콘출판사의 권성준 사장님을 비롯해 번역에 도움을 주신 조유나 님, 김다예 님, 김경희 님에게도 감사의 말씀을 드립니다.

그래프는 물리적 시스템 모델링, 분자 구조 핑거프린트 학습, 트래픽 네트워크 제어, 소셜 네트워크의 친구 추천처럼 복잡하게 얽혀 있는 실생활 문제들을 표현하기에 적합한 데이터 구조다. 이런 문제들을 해결하기 위해서는 엄청난 수의 관계 정보를 갖고 있는 비유클리드 그래프 데이터를 다뤄야 하는데, 전통적인 딥러닝 모델인 합성곱 신경망이나 순환 신경망으로 해결하기엔 제한이 있다. 일반적으로 그래프의 노드는 네트워크 임베딩 방법 같은 비지도 표현 학습에서는 잘 다룰 수 없는 유용한 특성 정보를 담고 있다. 그래프 신경망은 특성 전파 및 결합을 통해 노드의 특성 정보와 그래프의 구조를 결합해 그래프를 잘 표현하도록 만들어졌으며, 확실한 성능과 높은 해석 가능성 때문에 최근 다양한 그래프 분석에 적용되고 있다.

이 책은 그래프 신경망의 기본 개념, 모델, 응용을 포괄적으로 소개한다. 가장 기본이 되는 그래프 신경망과 그 변형인 그래프 합성곱 네트워크graph convolutional network, 그래프 순환 네트워크graph recurrent network, 그래프 어텐션 네트워크graph attention network, 그래프 잔차 네트워크graph residual network를 설명한다. 다양한 그래프 타입에 맞는 변형 모델과 심화된 학습 모델도 제공된다. 이 책은 그래프 신경망이 적용되는 분야를 구조적, 비구조적, 기타 시나리오로 분류한 다음 각각을 해결하는 방법을 알려준다. 마지막 장에서는 관련된 오픈소스와 앞으로의 전망을 다룬다.

오탈자

한국어판의 정오표는 에이콘출판사의 도서정보 페이지 http://www.acornpub.co.kr/book/graph-neural-networks에서 볼 수 있다.

문의사항

한국어판에 관한 질문은 에이콘출판사 편집 팀(editor@acornpub.co.kr)이나 옮긴이의 이메일로 문의하길 바란다.

키워드

딥 그래프 러닝, 딥러닝, 그래프 신경망, 그래프 분석, 그래프 합성곱 네트워크, 그래프 순환 네트워크, 그래프 잔차 네트워크

서론

그래프는 객체(노드^{node})의 집합과 그들의 관계(에지^{edge})를 나타내는 데이터 구조다. 그래프를 통해 다양한 분야에 걸쳐 수많은 시스템을 표현할 수 있다. 예를 들어, 사회과학에서 소셜 네크워크[Hamilton et al., 2017b, Kipf and Welling, 2017], 자연과학(물리계[Battaglia et al., 2016, Sanchez et al., 2018], 단백질 구조[Fout et al., 2017]), 지식 그래프[Hamaguchi et al., 2017], 조합적 최적화[Khalil et al., 2017] 등이 있다. 이런 강력한 표현력 덕분에 머신러닝으로 그래프를 분석하는 연구가 최근에 더욱 주목받고 있다. 머신러닝에서 다루는 유일한 비유클리드 데이터 구조인 그래프는 노드 분류, 링크 예측, 클러스터링을 하는 데 주로 사용된다. 그래프 신경망^{GNN, Graph Neural Network}은 그래프에서 연산을 하는 딥러닝 방법을 말한다. 믿을 만한 성능과 높은 해석력으로 인해 최근에 널리 사용되는 그래프 분석 방법이다. GNN이 탄생하게 된 계기를 알아보자.

1.1 동기

1.1.1 합성곱 신경망

합성곱 신경망[CNN, Convolutional Neural Network][LeCun et al., 1998]이 GNN의 계기가 됐다. CNN은 여러 단계의 지역화된 공간 특징[1]을 추출하고 재구성해 표현력이 높다. 그 결과로 거의 모든 머신러닝 영역에서 돌파구가 됐고 딥러닝의 혁명을 가져왔다. 더 깊이 들어다보면, 그래프에서 잘 사용될 수 있는 기술들이 이미 CNN에 있다. 예를 들면 다음과 같다. (1) 지역 연결: 그래프는 일반적으로 가까운 것들이 연결되어 있는 구조다. (2) 가중치 공유: 가중치를 공유하는 개념은 기존 그래프 이론[Chung and Graham, 1997]에 비해 계산 비용을 줄일 수 있다. (3) 다중 계층 사용: 다중 계층 구조는 다양한 크기의 특징을 갖는 패턴을 다루는 핵심 기술이다. 하지만 CNN은 이미지(2차원 그리드), 텍스트(1차원 나열) 등 일반적인 유클리드 데이터에서만 작동할 수 있다. 이 구조들도 그래프의 일부로 볼 수 있기 때문에 CNN을 확장해 그래프에 적용한다는 생각을 할 수 있다. 그림 1.1에서 볼 수 있듯이 합성곱 필터와 풀링[pooling] 작업을 정의하기 어려워서 CNN을 유클리드 영역에서 비유클리드 영역으로 확장하기는 힘들다.

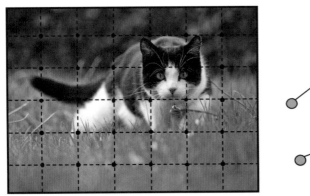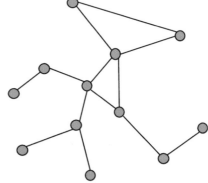

그림 1.1 왼쪽: 유클리드 영역 이미지. 오른쪽: 비유클리드 영역 이미지

---

1 이 책에서는 'feature'를 '특징'으로 번역했다. – 옮긴이

1.1.2 네트워크 임베딩

그래프의 노드, 에지, 부분 그래프를 낮은 차원의 벡터로 표현하는 그래프 임베딩graph embedding[Cai et al., 2018, Cui et al., 2018, Goyal and Ferrara, 2018, Hamilton et al., 2017a, Zhang et al., 2018a]도 GNN의 계기가 됐다. 전통적인 머신러닝으로 그래프를 분석할 때는 주로 사람이 직접 특징을 설계했다. 이 때문에 유연하지 못했고 비용이 많이 들었다. 표현 학습representation learning의 아이디어와 워드 임베딩word embedding[Mikolov et al., 2013]의 성공에 영향을 받은 첫 번째 그래프 임베딩 방법인 DeepWalk[Perozzi et al., 2014]는 랜덤 워크를 생성하고 스킵그램 모델SkipGram model[Mikolov et al., 2013]을 학습해 그래프의 노드를 벡터로 바꾼다. 비슷한 접근 방법으로 나온 node2vec[Grover and Leskovec, 2016], LINE[Tang et al., 2015], TADW[Yang et al., 2015b]도 좋은 성과를 보였다.[2] 하지만 이 방법은 두 가지 심각한 결점이 있다[Hamilton et al., 2017a]. 첫째, 노드를 인코딩할 때 파라미터를 공유하지 않는다. 이러면 노드가 증가할수록 그에 비례해서 파라미터 수도 증가하기 때문에 계산이 비효율적이다. 둘째, 위 임베딩 방법들은 변하는 그래프나 새로운 그래프를 다룰 수 없어서 확장성이 부족하다.

1.2 관련 연구

GNN과 관련된 리뷰 논문이 여러 가지 있다. 몬티 외[Monti et al., 2017]는 CNN 구조를 비유클리드 영역으로 확장하는 통합 프레임워크 MoNet을 제안했고, 이는 그래프에서 작동하는 기존 방법[Atwood and Towsley, 2016, Kipf and Welling, 2017]과 매니폴드에 적용할 수 있는 모델[Boscaini et al., 2016, Masci et al., 2015]을 확장할 수 있다. 브론스테인 외[Bronstein et al., 2017]는 기하학 딥러닝의 문제, 어려움, 해법, 응용, 미래 방향 등을 다뤘다. 몬티 외[2017]와 브론스테인 외[2017]는 합성곱을 그래프나 매니

---

2 다양성을 강조한 옮긴이의 연구 결과인 div2vec[Jeong et al., 2020]도 많은 관심 바란다. – 옮긴이

폴드로 확장하는 것에 집중한 반면, 이 책은 그래프에서 정의된 문제에 집중하며 게이트 메커니즘, 어텐션 메커니즘, 스킵 커넥션 등 GNN에서 사용되는 여러 메커니즘을 상세히 다룬다. 길머 외[Gilmer et al., 2017]는 몇몇 GNN과 그래프 합성곱 네트워크를 확장할 수 있는 메시지 전달 신경망MPNN, Message Passing Neural Network을 제안했고, 왕 외[Wang et al., 2018b]는 몇 가지 '셀프 어텐션self-attention'류의 방법을 통합하는 비지역 신경망NLNN, Non-Local Neural Network을 제안했다. 길머 외[2017]와 왕 외[2018b]는 특정 영역에 집중해서 다른 모델들을 그들의 프레임워크로 확장하는 방법을 설명했지만 다른 GNN을 직접 다루진 않았다. 리 외[Lee et al., 2018b]는 그래프에 어텐션 모델을 적용하는 서베이 논문을 썼다. 바타글리아 외[Battaglia et al., 2018]는 다른 모델들을 넓게 포괄할 수 있는 그래프 네트워크 프레임워크를 제안했지만, 너무 추상적이고 그 응용들을 너무 개략적으로 분류했다.

장 외[Zhang et al., 2018f]와 우 외[Wu et al., 2019c]는 GNN을 주로 다루는 포괄적인 서베이 논문을 썼다. 우 외[2019c]는 GNN을 순환 그래프 신경망RecGNN, Recurrent Graph Neural Network, 합성곱 그래프 신경망ConvGNN, Convolutional Graph Neural Network, 그래프 오토 인코더GAE, Graph Auto-Encoder, 시공간 그래프 신경망STGNN, Spatial-Temporal Graph Neural Network이라는 네 그룹으로 나눴다. 이 책에서는 약간 다르게 나눴는데, 6장에서 그래프 순환 네트워크를 소개하고 그래프 합성곱 네트워크는 5장에서, 이것의 특수한 변형인 그래프 어텐션 네트워크는 7장에서 다룬다. 그래프 시공간 네트워크는 9.4절에서 다루는데 주로 변하는 그래프를 다루고, 그래프 오토 인코더는 10.4절에서 비지도 학습의 하나로 소개한다.

이 책에서는 다양한 GNN 모델을 상세히 설명하고 응용 분야를 체계적으로 분류한다. 주요 내용을 요약하면 다음과 같다.

- 기존 GNN 모델을 자세히 다룬다. 기본적인 모델부터 그 변형 및 확장된 프레임워크를 설명한다. 여러 모델을 검토해 그 모델에서 전파 단계가 어떻게 다른지 설명하기 위해 통합된 표현법을 제공한다. 이 표현법을 통해 각각의 애그리게이터^{aggregator}와 업데이터^{updater}를 이해하고 모델들의 차이를 쉽게 알아볼 수 있다.

- 응용 분야를 체계적으로 분류하고 구조 시나리오, 비구조 시나리오, 기타 시나리오로 구분한다. 각 시나리오에서 대표되는 분야와 그 분야에 적용할 수 있는 방법을 소개한다.

2

수학 및 그래프 기초

2.1 선형대수학

선형대수학의 언어와 개념은 컴퓨터 과학의 많은 분야에서 널리 사용되고 있으며 머신러닝도 예외가 아니다. 머신러닝을 이해하기 위해서는 선형대수학을 잘 알아야 한다. 이번 절에서는 책의 내용을 이해하는 데 필요한 선형대수학의 개념과 계산 방법을 소개한다.

2.1.1 기본 개념

- **스칼라**scalar: 수

- **벡터**vector: 순서가 있는 수의 나열. 다음과 같이 표현할 수 있다.

$$\mathbf{x} = \begin{bmatrix} x_1 \\ x_2 \\ \vdots \\ x_n \end{bmatrix} \tag{2.1}$$

노름[norm]은 벡터의 길이를 측정한 값이다. L_p 노름은 다음과 같이 정의된다.

$$||\mathbf{x}||_p = \left(\sum_{i=1}^{n} |x_i|^p \right)^{\frac{1}{p}} \tag{2.2}$$

L_1 노름, L_2 노름, $L\infty$ 노름은 머신러닝에서 자주 사용된다.

L_1 **노름**은 다음과 같이 간단히 표현할 수 있다.

$$||\mathbf{x}||_1 = \sum_{i=1}^{n} |x_i| \tag{2.3}$$

유클리드 공간 $\mathbb{R}^n$에서 L_2 **노름**은 다음 식과 같이 벡터의 길이를 재는 데 사용된다.

$$||\mathbf{x}||_2 = \sqrt{\sum_{i=1}^{n} x_i^2} \tag{2.4}$$

$L\infty$ **노름**은 최대 노름이라고도 불리며 다음과 같다.

$$||\mathbf{x}||_\infty = \max_i |x_i| \tag{2.5}$$

L_p 노름을 사용해서 같은 선형 공간에 있는 두 벡터 $\mathbf{x}_1$과 $\mathbf{x}_2$ 사이의 **거리**[distance]를 잴 수 있다.

$$\mathbf{D}_p(\mathbf{x}_1, \mathbf{x}_2) = ||\mathbf{x}_1 - \mathbf{x}_2||_p \tag{2.6}$$

벡터 집합 $\mathbf{x}_1, \mathbf{x}_2, \cdots, \mathbf{x}_m$이 **일차독립**[linearly independent]이라는 말은 다음 식을 만족하는 0이 아닌 스칼라 집합 $\lambda_1, \lambda_2, \cdots, \lambda_m$이 존재하지 않는다는 말과 동치다.

$$\lambda_1 \mathbf{x}_1 + \lambda_2 \mathbf{x}_2 + \cdots + \lambda_m \mathbf{x}_m = \mathbf{0} \tag{2.7}$$

- **행렬**[matrix]: 이차원 배열. 다음과 같이 표현할 수 있다.

$$\mathbf{A} = \begin{bmatrix} a_{11} & a_{12} & \dots & a_{1n} \\ a_{21} & a_{22} & \dots & a_{2n} \\ \vdots & \vdots & \ddots & \vdots \\ a_{m1} & a_{m2} & \dots & a_{mn} \end{bmatrix} \tag{2.8}$$

여기서 $\mathbf{A} \in \mathbb{R}^{m \times n}$이다.

주어진 두 행렬 $\mathbf{A} \in \mathbb{R}^{m \times n}$, $\mathbf{B} \in \mathbb{R}^{n \times p}$에 대해 **행렬곱**^{matrix product} $\mathbf{AB}$는 다음을 만족하는 행렬 $\mathbf{C} \in \mathbb{R}^{m \times p}$이다.

$$\mathbf{C}_{ij} = \sum_{k=1}^{n} \mathbf{A}_{ik} \mathbf{B}_{kj} \tag{2.9}$$

행렬의 곱셈은 결합법칙은 성립하지만 교환법칙은 성립하지 않는다. 수학적으로 표현하면, (행렬 $\mathbf{A}$, $\mathbf{B}$, $\mathbf{C}$의 차원은 잘 맞는다고 가정할 때) 다음과 같다.

$$(\mathbf{AB})\mathbf{C} = \mathbf{A}(\mathbf{BC}) \tag{2.10}$$

위 식은 항상 참이지만 다음 식은 참이 아닐 때도 있다.

$$\mathbf{AB} = \mathbf{BA} \tag{2.11}$$

$n \times n$ 정사각행렬 $\mathbf{A}$에 대해 **행렬식**^{determinant}($|\mathbf{A}|$라고도 표현한다)은 다음과 같이 정의한다.

$$\det(\mathbf{A}) = \sum_{k_1 k_2 \cdots k_n} (-1)^{\tau(k_1 k_2 \cdots k_n)} a_{1k_1} a_{2k_2} \cdots a_{nk_n} \tag{2.12}$$

여기서 $k_1 k_2 \cdots k_n$은 1, 2, $\cdots$, n의 순열이며, $\tau(k_1 k_2 \cdots k_n)$은 순열 $k_1 k_2 \cdots k_n$의 **반전 수**^{inversion number}, 즉 수열에서 순서가 뒤집힌 횟수다.

행렬 $\mathbf{A}$가 정사각행렬이면, 즉 $m = n$이면, $\mathbf{A}$의 **역행렬**^{inverse matrix} $\mathbf{A}^{-1}$는 다음을 만족한다.

$$\mathbf{A}^{-1}\mathbf{A} = \mathbf{I} \tag{2.13}$$

여기서 $\mathbf{I}$는 $n \times n$ 항등행렬^{identity matrix}이고, $\mathbf{A}^{-1}$가 존재할 필요충분조건은 $|\mathbf{A}| \neq 0$이다.

행렬 $\mathbf{A}$의 **전치행렬**^{transpose} $\mathbf{A}^T$는 다음을 만족하는 행렬이다.

$$\mathbf{A}^T_{ij} = \mathbf{A}_{ji} \tag{2.14}$$

행렬 간의 곱으로 자주 사용되는 방법은 **하다마드 곱**^{Hadamard product}이다. 두 행렬 $\mathbf{A} \in \mathbb{R}^{m \times n}$, $\mathbf{B} \in \mathbb{R}^{m \times n}$의 하다마드 곱은

$$\mathbf{C}_{ij} = \mathbf{A}_{ij}\mathbf{B}_{ij} \tag{2.15}$$

인 행렬 $\mathbf{C} \in \mathbb{R}^{m \times n}$이다.

- **텐서**^{tensor}: 임의의 차원을 갖는 행렬을 말한다. 대부분의 행렬 연산은 텐서에도 적용할 수 있다.

2.1.2 고유분해

$\mathbf{A}$를 $\mathbb{R}^{n \times n}$에 속한 행렬이라고 하자. 다음 식을 만족하는 $\lambda \in \mathbb{C}$가 존재하면 영벡터가 아닌 $\mathbf{v} \in \mathbb{C}^n$은 **고유벡터**^{eigenvector}라고 한다.

$$\mathbf{A}\mathbf{v} = \lambda\mathbf{v} \tag{2.16}$$

이때 스칼라 λ를 고유벡터 $\mathbf{v}$에 대응되는 행렬 $\mathbf{A}$의 **고윳값**^{eigenvalue}이라고 부른다. 고유벡터 $\{\mathbf{v}_1, \mathbf{v}_2, \cdots, \mathbf{v}_n\}$이 행렬 $\mathbf{A}$의 일차독립인 고유벡터이고 $\{\lambda_1, \lambda_2, \cdots, \lambda_n\}$이 대응되는 고윳값일 때 다음이 성립한다.

$$\mathbf{A}\begin{bmatrix} \mathbf{v}_1 & \mathbf{v}_2 & \dots & \mathbf{v}_n \end{bmatrix} = \begin{bmatrix} \mathbf{v}_1 & \mathbf{v}_2 & \dots & \mathbf{v}_n \end{bmatrix} \begin{bmatrix} \lambda_1 & & & \\ & \lambda_2 & & \\ & & \ddots & \\ & & & \lambda_n \end{bmatrix} \tag{2.17}$$

$\mathbf{V} = [\mathbf{v}_1\ \mathbf{v}_2 \cdots \mathbf{v}_n]$이라고 하자. 그러면 $\mathbf{V}$가 가역행렬^{invertible matrix}임은 자명하다. 행렬 $\mathbf{A}$의 **고유분해**^{eigendecomposition}(혹은 **대각화**^{diagonalization})는 다음과 같다.

$$\mathbf{A} = \mathbf{V}diag(\lambda)\mathbf{V}^{-1} \tag{2.18}$$

다음과 같은 형태로도 표현할 수 있다.

$$\mathbf{A} = \sum_{i=1}^{n} \lambda_i \mathbf{v}_i \mathbf{v}_i^T \qquad (2.19)$$

행렬이 일차독립인 고유벡터 n를 갖고 있지 않을 수도 있기 때문에 모든 정
사각행렬이 대각화가 가능한 것은 아니다. 실수로 이뤄진 모든 대칭행렬
symmetric matrix은 고유분해가 가능하다.

2.1.3 특잇값 분해

고유분해는 특정 행렬에만 적용 가능하기 때문에 모든 행렬에 적용할 수
있는 특잇값 분해를 소개한다.

먼저 **특잇값**singular value의 개념을 얘기해보자. r이 $\mathbf{A}^T\mathbf{A}$의 차수일 때 $1 \leq i$
$\leq r$에 대해 $\mathbf{v}_i$는 σ_i^2에 대응하는 $\mathbf{A}^T\mathbf{A}$의 고유벡터임을 만족하는 r개의 양수
$\sigma_1 \geq \sigma_2 \geq \cdots \geq \sigma_r > 0$가 존재한다. 참고로 $\mathbf{v}_1, \mathbf{v}_2, \cdots, \mathbf{v}_r$은 일차독립이다.
이런 r개의 양수 $\sigma_1, \sigma_2, \cdots, \sigma_r$을 $\mathbf{A}$의 특잇값이라고 부른다. 이때 특잇값 분
해는 다음과 같이 정의된다.

$$\mathbf{A} = U\Sigma V^T \qquad (2.20)$$

여기서 $U \in \mathbb{R}^{m \times n}$, V는 $n \times n$ 직교행렬orthogonal matrix, Σ는 다음과 같이 정의
된 $m \times n$ 행렬이다.

$$\Sigma_{ij} = \begin{cases} \sigma_i & i = j \leq r \text{ 인 경우} \\ 0 & \text{그 외} \end{cases}$$

$\mathbf{U}$의 열벡터column vector는 $\mathbf{A}\mathbf{A}^T$의 고유벡터이고, $\mathbf{A}^T\mathbf{A}$의 고유벡터는 $\mathbf{V}$의 열벡
터로 만들어진다.

2.2 확률

불확실성은 머신러닝 분야에서 어디든 존재한다. 따라서 불확실성을 정량
화하고 다룰 수 있도록 확률을 사용할 필요가 있다. 이번 절에서는 책을 읽

는 데 필요한 몇 가지 개념과 대표적인 분포에 대해 알아본다.

2.2.1 기본 개념과 공식

확률변수random variable는 임의의 값을 갖는 변수다. 예를 들어 x_1과 x_2가 나올 수 있는 X에 의한 랜덤 값을 생각해보자. 그러면 X가 x_1과 같을 확률은 $P(X = x_1)$이다. 이때 다음 식이 성립하는 것은 당연하다.

$$P(X = x_1) + P(X = x_2) = 1 \tag{2.21}$$

결과로 y_1을 얻을 수 있는 또 다른 확률변수 Y를 생각해보자. $X = x_1$이고 $Y = y_1$일 확률은 $P(X = x_1, Y = y_1)$이라고 쓰고 $X = x_1$과 $Y = y_1$의 **결합확률**joint probability이라고 부른다.

때때로 확률변수 사이의 관계를 알아야 할 경우가 있는데, 예를 들어 $Y = y_1$인 경우에 $X = x_1$일 확률 같은 것을 말한다. 이는 $P(X = x_1 | Y = y_1)$이라고 쓰고 $Y = y_1$에 대한 $X = x_1$의 **조건부 확률**conditional probability이라고 부른다. 위 개념들로 다음과 같은 두 가지 규칙을 발견할 수 있다.

$$P(X = x) = \sum_y P(X = x, Y = y) \tag{2.22}$$

$$P(X = x, Y = y) = P(Y = y | X = x)P(X = x) \tag{2.23}$$

전자는 **합의 법칙**sum rule, 후자는 **곱의 법칙**product rule이다. 곱의 법칙을 약간 수정하면 **베이즈 식**Bayes formula이라고 불리는 다음 결과를 얻을 수 있다.

$$\begin{aligned} P(Y = y | X = x) &= \frac{P(X = x, Y = y)}{P(X = x)} \\ &= \frac{P(X = x | Y = y)P(Y = y)}{P(X = x)} \end{aligned} \tag{2.24}$$

$$P(X_i = x_i | Y = y) = \frac{P(Y = y | X_i = x_i)P(X_i = x_i)}{\sum_{j=1}^{n} P(Y = y | X_j = x_j)P(X_j = x_j)} \tag{2.25}$$

곱의 법칙을 활용해 **연쇄 법칙**chain rule을 얻을 수 있다.

$$P(X_1 = x_1, \cdots, X_n = x_n)$$
$$= P(X_1 = x_1) \prod_{i=2}^{n} P(X_i = x_i | X_1 = x_1, \cdots, X_{i-1} = x_{i-1}) \tag{2.26}$$

여기서 $X_1, X_2, \cdots, X_n$은 확률변수다.

확률 분포 $P(x)$가 주어졌을 때 어떤 함수 $f(x)$의 평균값을 $f(x)$의 **기댓값**expectation이라고 한다. 이산 분포에서는 다음과 같이 쓸 수 있다.

$$\mathbb{E}[f(x)] = \sum_x P(x)f(x) \tag{2.27}$$

$f(x) = x$일 때, $\mathbb{E}[x]$는 x의 기댓값이라고 한다.

$f(x)$가 평균값 $\mathbb{E}[f(x)]$에서 얼마나 분산되어 있는지 측정하기 위해 $f(x)$의 **분산**variance을 다음과 같이 정의한다.

$$Var(f(x)) = \mathbb{E}[(f(x) - \mathbb{E}[f(x)])^2]$$
$$= \mathbb{E}[f(x)^2] - \mathbb{E}[f(x)]^2 \tag{2.28}$$

표준편차standard deviation는 분산의 제곱근이다. **공분산**covariance은 두 변수가 얼마나 다른지를 표현한다.

$$Cov(f(x), g(y)) = \mathbb{E}[(f(x) - \mathbb{E}[f(x)])(g(y) - \mathbb{E}[g(y)])] \tag{2.29}$$

확률변수가 클수록 $f(x)$와 $g(y)$가 많이 관련되어 있다는 걸 의미한다.

2.2.2 확률분포

확률분포probability distribution는 모든 경우에 대한 확률변수의 확률을 나타낸다. 머신러닝에서 유용한 몇 가지 분포를 소개한다.

- **가우시안 분포**Gaussian distribution: **정규분포**normal distribution라고도 하며 다음 식으로 표현된다.

$$N\left(x | \mu, \sigma^2\right) = \sqrt{\frac{1}{2\pi\sigma^2}} \exp\left(-\frac{1}{2\sigma^2}(x - \mu)^2\right) \tag{2.30}$$

여기서 μ는 변수 x의 평균이고, σ^2은 분산이다.

- **베르누이 분포**^{Bernoulli distribution}: 확률변수 X는 0 또는 1이다. $P(X = 1) = p$일 때 분포 함수^{distribution function}는 다음과 같다.

$$P(X = x) = p^x(1 - p)^{1-x}, x \in \{0, 1\} \tag{2.31}$$

$E(X) = p$이고 $Var(X) = p(1 - p)$임은 자명하다.

- **이항분포**^{binomial distribution}: 베르누이 실험을 N번 반복하고 X가 1인 횟수를 Y라고 할 때

$$P(Y = k) = \binom{N}{k} p^k (1 - p)^{N-k} \tag{2.32}$$

가 이항분포이고 $E(Y) = np$, $Var(Y) = np(1 - p)$다.

- **라플라스 분포**^{Laplace distribution}: 라플라스 분포는 다음과 같다.

$$P(x|\mu, b) = \frac{1}{2b} \exp\left(-\frac{|x - \mu|}{b}\right) \tag{2.33}$$

2.3 그래프 이론

그래프는 GNN을 연구하는 데 있어 가장 기본적인 주제다. 따라서 GNN을 쉽게 이해하려면 그래프 이론의 기초가 필요하다.

2.3.1 기본 개념

그래프는 $G = (V, E)$로 나타내며, V는 **꼭짓점**^{vertex}의 집합, E는 **에지**^{edge}의 집합이다. 에지 $e = u, v$는 두 **끝점**^{endpoint} u와 v를 가지며 e에 의해 **연결**^{join}된다. 이 경우 u는 v의 **이웃**^{neighbor}이라고 말하고 두 꼭짓점은 **인접하다**^{adjacent}고 말한다. 에지는 방향이 있을 수도 있고 없을 수도 있다. 그래프에 속한 모든 에지의 방향이 있는 경우에는 **유향 그래프**^{directed graph}라고 말하고, 없는 경우에는

무향 그래프^{undirected graph}라고 말한다. 꼭짓점 v의 **차수**^{degree} $d(v)$는 v에 연결된 에지의 수다.

2.3.2 그래프의 대수적 표현

그래프를 다음과 같이 대수적으로 표현할 수 있다.

- **인접행렬**^{adjacency matrix}: 꼭짓점이 n개인 그래프 $G = (V, E)$에 대해 인접 행렬 $A \in \mathbb{R}^{n \times n}$는 다음과 같이 정의된다.

$$A_{ij} = \begin{cases} 1 & \{v_i, v_j\} \in E \text{이고 } i \neq j \text{인 경우} \\ 0 & \text{그 외} \end{cases}$$

  무향 그래프 G의 인접행렬은 대칭이다.

- **차수행렬**^{degree matrix}: 꼭짓점이 n개인 그래프 $G = (V, E)$의 차수행렬 $D \in \mathbb{R}^{n \times n}$는 다음을 만족하는 대각행렬이다.

$$D_{ii} = d(v_i)$$

- **라플라시안 행렬**^{Laplacian matrix}: 꼭짓점이 n개인 무향 그래프 $G = (V, E)$의 라플라시안 행렬 $L \in \mathbb{R}^{n \times n}$은

$$L = D - A$$

  이고, 따라서 각 원소는 다음과 같다.

$$L_{ij} = \begin{cases} d(v_i) & i = j \text{인 경우} \\ -1 & \{v_i, v_j\} \in E \text{이고 } i \neq j \text{인 경우} \\ 0 & \text{그 외} \end{cases}$$

  참고로 여기서 인접행렬은 무향 그래프의 인접행렬이다.

- **대칭 정규화 라플라시안**^{symmetric normalized Laplacian}: 대칭 정규화 라플라시안 은 다음과 같이 정의된다.

$$L^{sym} = D^{-\frac{1}{2}} L D^{-\frac{1}{2}}$$
$$= I - D^{-\frac{1}{2}} A D^{-\frac{1}{2}}$$

원소는 다음과 같다.

$$L_{ij}^{sym} = \begin{cases} 1 & i = j \text{이고 } d(v_i) \neq 0 \text{인 경우} \\ -\dfrac{1}{\sqrt{d(v_i)d(v_j)}} & \{v_i, v_j\} \in E \text{이고 } i \neq j \text{인 경우} \\ 0 & \text{그 외} \end{cases}$$

- **랜덤 워크 정규화 라플라시안**random walk normalized Laplacian: 랜덤 워크 라플라시안은 다음과 같이 정의된다.

$$L^{rw} = D^{-1} L = I - D^{-1} A$$

원소는 다음과 같다.

$$L_{ij}^{rw} = \begin{cases} 1 & i = j \text{이고 } d(v_i) \neq 0 \text{인 경우} \\ -\dfrac{1}{d(v_i)} & \{v_i, v_j\} \in E \text{이고 } i \neq j \text{인 경우} \\ 0 & \text{그 외} \end{cases}$$

- **근접행렬**incidence matrix: 인접행렬과 함께 자주 사용되는 그래프의 행렬 표현 방법은 근접행렬이다. 꼭짓점이 n개이고 에지가 m개인 유향 그래프 $G = (V, E)$에 대해 근접행렬 $M \in \mathbb{R}^{n \times m}$은

$$M_{ij} = \begin{cases} 1 & \exists k \ s.t \ e_j = \{v_i, v_k\} \text{인 경우} \\ -1 & \exists k \ s.t \ e_j = \{v_k, v_i\} \text{인 경우} \\ 0 & \text{그 외} \end{cases}$$

이고, 무향 그래프에 대해서는 다음과 같이 정의한다.

$$M_{ij} = \begin{cases} 1 & \exists k \ s.t \ e_j = \{v_i, v_k\} \text{인 경우} \\ 0 & \text{그 외} \end{cases}$$

CHAPTER

3

신경망 기초

신경망^{neural network}은 머신러닝에서 가장 중요한 모델 중 하나다. 서로 연결된 많은 뉴런으로 구성된 인공 신경망 구조는 생물학적 신경망의 구조와 매우 유사하다. 신경망은 다음과 같은 방식으로 학습한다. 임의의 가중치나 값으로 초기화한다. 모델이 정확하게 동작할 때까지 역전파 알고리듬을 사용해 가중치나 값을 업데이트한다. 마지막으로, 신경망이 학습한 지식을 저장한다. 대부분 신경망 연구는 모델의 일반화 능력 향상을 위해 (다른 알고리듬이나 다른 구조를 사용해) 학습하는 방법을 변경하려고 노력한다.

3.1 뉴런

신경망의 기본 단위는 입력값들을 받고 대응되는 결과를 반환하는 **뉴런**^{neuron}이다. 대표적인 뉴런의 모습은 그림 3.1과 같다. 뉴런이 n개의 입력 x_1, x_2, $\cdots$, x_n과 대응되는 가중치 w_1, w_2, $\cdots$, w_n, 절편 b를 받으면 가중치 합 $y = \sum_{i=1}^{n} w_i x_i + b$를 활성화 함수 f에 보내서 뉴런은 결괏값 $z = f(y)$를 반

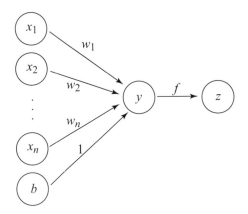

그림 3.1 대표적인 뉴런 구조

환한다. 참고로 여기서 결괏값은 다음 뉴런의 입력값이 될 수 있다. **활성화 함수**$^{activation\ function}$는 실수를 0과 1 사이의 값(예외가 있을 수 있다)으로 보내는 함수다. 뉴런의 활성화 여부를 의미하는데 0은 비활성, 1은 활성 상태를 의미한다. 다음과 같은 여러 가지 활성화 함수가 있다.

- **시그모이드 함수**$^{Sigmoid\ function}$(그림 3.2)

$$\sigma(x) = \frac{1}{1 + e^{-x}} \tag{3.1}$$

- **하이퍼볼릭 탄젠트 함수**$^{Tanh\ function}$(그림 3.3)

$$tanh(x) = \frac{e^x - e^{-x}}{e^x + e^{-x}} \tag{3.2}$$

- ReLU$^{Rectified\ Linear\ Unit}$(그림 3.4)

$$ReLU(x) = \begin{cases} 0 & x \leq 0 \\ x & x > 0 \end{cases} \tag{3.3}$$

이 외에도 여러 가지 활성화 함수가 있고 각각에 대응하는 도함수^{derivative}가 있다. 하지만 좋은 활성화 함수는 항상 매끄럽고(미분 가능함을 의미한다) 쉽게 계산된다(신경망의 계산 복잡도를 최소화하기 위해)는 것을 기억해야 한다. 신경망을 학습할 때 활성화 함수의 선택은 결과에 꼭 필요한 작업이다.

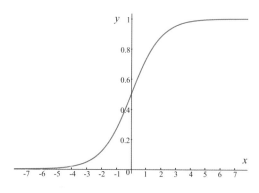

그림 3.2 시그모이드 함수

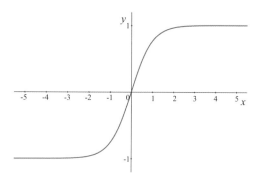

그림 3.3 하이퍼볼릭 탄젠트 함수

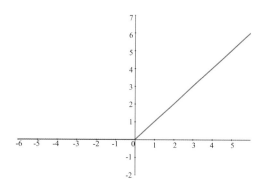

그림 3.4 ReLU 함수

3.2 역전파

신경망을 훈련할 때 **역전파 알고리듬**^{back propagation algorithm}이 가장 많이 사용된다. 이 알고리듬은 모델의 파라미터를 최적화하기 위한 경사 하강^{gradient descend} 기반 알고리듬이다. 앞에서 설명한 단일 뉴런 모델을 예시로 보자. 결괏값 z 의 최적화 목표를 z_0라고 하자. 이 값은 파라미터 $w_1, w_2, \cdots, w_n, b$를 조정하며 접근할 것이다. 연쇄 법칙으로 w_i, b에 대한 z의 도함수를 다음과 같이 얻을 수 있다.

$$
\begin{aligned}
\frac{\partial z}{\partial w_i} &= \frac{\partial z}{\partial y}\frac{\partial y}{\partial w_i} \\
&= \frac{\partial f(y)}{\partial y}x_i
\end{aligned}
\tag{3.4}
$$

$$
\begin{aligned}
\frac{\partial z}{\partial b} &= \frac{\partial z}{\partial y}\frac{\partial y}{\partial b} \\
&= \frac{\partial f(y)}{\partial y}
\end{aligned}
\tag{3.5}
$$

학습률이 η일 때 각 파라미터의 업데이트는 다음과 같을 것이다.

$$
\begin{aligned}
\Delta w_i &= \eta(z_0 - z)\frac{\partial z}{\partial w_i} \\
&= \eta(z_0 - z)x_i\frac{\partial f(y)}{\partial y}
\end{aligned}
\tag{3.6}
$$

$$
\begin{aligned}
\Delta b &= \eta(z_0 - z)\frac{\partial z}{\partial b} \\
&= \eta(z_0 - z)\frac{\partial f(y)}{\partial y}
\end{aligned}
\tag{3.7}
$$

요약하면 역전파는 다음 두 단계로 이뤄져 있다.

- **정방향 계산**^{forward calculation}: 주어진 파라미터와 입력값에 대해 신경망은 정방향으로 각 뉴런에서의 값을 계산한다.

- **역전파**^{backward propagation}: 최적화될 각 변수의 에러값을 계산하고 편도함

수$^{partial\ derivative}$를 통해 파라미터를 업데이트한다.

최적화 목표를 달성할 때까지 위의 두 단계를 계속 반복한다.

3.3 신경망

최근 다양한 신경망 구조의 출현으로 머신러닝(특히 딥러닝) 분야에서 붐이 일어나고 있다. 현재 신경망 구조는 매우 다양하지만 다음과 같은 몇 가지 범주로 분류할 수 있다.

- **순방향 신경망**$^{FNN,\ Feedforward\ Neural\ Network}$: 순방향 신경망(그림 3.5)은 인공 신경망 중 가장 처음에 나왔으며 가장 간단한 신경 구조다. FNN은 주로 입력 층$^{input\ layer}$, 몇 개의 은닉 층$^{hidden\ layer}$, 출력 층$^{output\ layer}$으로 이뤄져 있다. 순방향 신경망은 여러 층의 뉴런으로 구성된 명확한 계층 구조를 갖고 있으며, 각 층은 바로 옆 층에만 연결되어 있다. 이 네트워크에는 루프가 없다.

- **합성곱 신경망**$^{CNN,\ Convolutional\ Neural\ Network}$: 합성곱 신경망은 FNN의 특별한 버전이다. FNN은 항상 전부 연결되어 있는 반면에 CNN은 근처의 연결성을 보존한다. CNN 구조는 주로 합성곱 층$^{convolutional\ layer}$, 풀링 층$^{pooling\ layer}$, 몇 개의 완전연결 층$^{fully\ connected\ layer}$으로 되어 있다. LeNet5[LeCun et al., 1998], AlexNet[Krizhevsky et al., 2012](그림

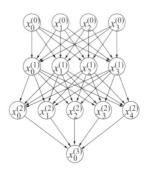

그림 3.5 순방향 신경망

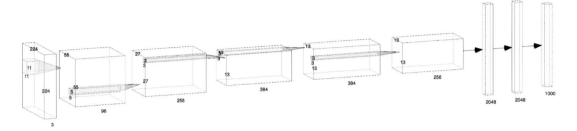

그림 3.6 크리체브스키 외[Krizhevsky et al., 2012]의 AlexNet 구조

3.6), VGG[Simonyan and Zisserman, 2014], GoogLeNet[Szegedy et al., 2015]과 같은 대표적인 CNN 구조가 있다. CNN은 주로 컴퓨터 비전 분야에 많이 적용되고 그 밖의 연구 분야에서도 효과가 있다는 사실이 증명됐다.

- **순환 신경망**[RNN, Recurrent Neural Network]: FNN과 비교했을 때 순환 신경망의 뉴런은 다른 뉴런으로부터 신호와 입력값을 받는 것뿐만 아니라 자신의 과거 정보도 받는다. 순환 신경망의 메모리 메커니즘은 모델이 시계열 데이터를 처리하는 데 효과적이다. 하지만 RNN은 주로 장기 의존성 문제를 힘들어했다[Bengio et al., 1994, Hochreiter et al., 2001]. GRU[Gate Recurrent Units][Cho et al., 2014]와 LSTM[Long Short-Term Memory][Hochreiter and Schmidhuber, 1997]처럼 게이트 메커니즘을 사용하는 변형들이 이 문제를 풀기 위해 제안됐다. RNN은 주로 음성 데이터나 자연어 데이터를 다룰 때 많이 쓰인다.

- **그래프 신경망**[GNN, Graph Neural Network]: GNN은 소셜 네트워크, 분자 구조, 지식 그래프 등과 같이 그래프 구조로 된 데이터를 다룰 때 사용한다. GNN에 관한 자세한 내용은 이 책의 남은 장들에서 설명한다.

기본 그래프 신경망

4장에서는 기본 그래프 신경망을 소개한다[Scarselli et al., 2009]. 또한 표현 범위, 학습 효율 면에서의 단점도 설명하고 다음 장에서는 기본 그래프 신경망의 변형에 대해 얘기할 것이다.

4.1 서론

GNN의 개념은 고리 외[Gori et al., 2005], 스카셀리 외[Scarselli et al., 2004, 2009]가 제안했다. 여기서는 앞으로 소개할 모델로의 확장이 자연스러운 스카셀리 외[2009]의 모델을 대표로 설명한다.

그래프에서 노드 v는 특징과 관련된 노드로 자연스럽게 정의된다. GNN의 최종 목표는 각 노드의 상태 임베딩$^{state\ embedding}$ $\mathbf{h}_v \in \mathbb{R}^s$를 학습하는 것이다. 상태 임베딩 $\mathbf{h}_v$는 해당 노드와 주변 노드의 정보를 포함하고 있으며 노드 v의 출력값(예를 들어, 예상 노드 레이블 분포)인 $\mathbf{o}_v$를 얻을 때 사용된다.

스카셀리 외[2009]에 등장하는 기본 그래프는 그림 4.1에서 볼 수 있다.

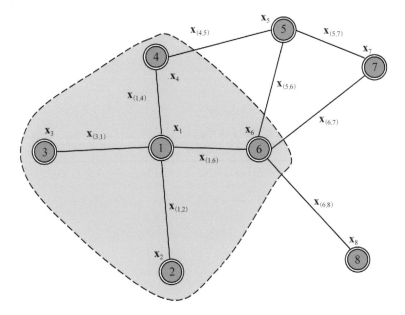

그림 4.1 스카셀리 외[2009]의 그래프 예

기본 그래프 신경망은 무향 동종 그래프이며, 각 노드는 입력 특징 $\mathbf{x}_v$가 있고 에지도 특징을 가질 수 있다. $co[v]$와 $ne[v]$는 각각 노드 v와 연결된 에지 집합, 인접한 노드 집합을 의미한다. 이종 그래프 등 더 복잡한 그래프와 그에 맞게 변형된 GNN은 이후의 장들에서 다룬다.

4.2 모델

노드와 에지의 입력 특징이 주어졌을 때 모델이 어떻게 노드 상태 임베딩 $\mathbf{h}_v$와 출력 임베딩 $\mathbf{o}_v$를 계산하는지 알아보자.

이웃으로부터 노드의 상태를 업데이트하기 위해 노드들끼리 공유하는 지역 전환 함수^{local transition function} f를 사용하고, 노드의 출력값을 계산하기 위해 지역 출력 함수^{local output function} g를 사용한다. 다음과 같이 $\mathbf{h}_v$와 $\mathbf{o}_v$를 정의할 수 있다.

$$\mathbf{h}_v = f(\mathbf{x}_v, \mathbf{x}_{co[v]}, \mathbf{h}_{ne[v]}, \mathbf{x}_{ne[v]}) \tag{4.1}$$

$$\mathbf{o}_v = g(\mathbf{h}_v, \mathbf{x}_v) \tag{4.2}$$

위에서 언급했듯이 $\mathbf{x}_v$는 입력 특징, $co[v]$는 v와 연결된 에지 집합, $ne[v]$는 v와 인접한 노드 집합이고 자연스럽게 $\mathbf{x}_{co[v]}$, $\mathbf{h}_{ne[v]}$, $\mathbf{x}_{ne[v]}$도 각각 v와 연결된 에지들의 입력 특징, v와 인접한 노드들의 은닉 임베딩, v와 인접한 노드들의 입력 특징으로 정의할 수 있다. 예를 들어, 그림 4.1에서 노드 1의 입력 특징은 $\mathbf{x}_1$이고, $co[1] = \{(1, 4), (1, 6), (1, 2), (1, 3)\}$, $ne[1] = \{2, 3, 4, 6\}$이다.

행렬 연산으로 표현해보면 $\mathbf{H}$, $\mathbf{O}$, $\mathbf{X}$, $\mathbf{X}_N$을 각각 모든 상태 임베딩, 모든 출력 임베딩, 모든 입력 특징, 모든 노드의 입력 특징이라고 하면, 전체 전환 함수global transition function F, 전체 출력 함수global output function G를 사용해 다음과 같이 간략히 표현할 수 있다.

$$\mathbf{H} = F(\mathbf{H}, \mathbf{X}) \tag{4.3}$$

$$\mathbf{O} = G(\mathbf{H}, \mathbf{X}_N) \tag{4.4}$$

여기서 F, G는 모든 노드에 대한 지역 전환 함수 f와 지역 출력 함수 g를 쌓은 버전이라고 생각할 수 있다. $\mathbf{H}$는 식 (4.3)의 고정점fixed point이며, F가 수축 맵contraction map이라면 유일하게 정의된다.

바나흐Banach의 고정점 정리[Khamsi and Kirk, 2011]를 바탕으로 GNN은 다음과 같은 고전적인 반복 계산법을 사용한다.

$$\mathbf{H}^{t+1} = F(\mathbf{H}^t, \mathbf{X}) \tag{4.5}$$

여기서 $\mathbf{H}^t$는 $\mathbf{H}$를 t번 반복한 결괏값이다. 임의의 초깃값 $\mathbf{H}^0$에 대해 식 (4.5)는 기하급수적으로 빠르게 식 (4.3)의 해에 수렴한다. 참고로 f와 g를 통하는 계산을 FNN이라고 여길 수 있다.

위 설명을 들으며 지역 전환 함수 f와 지역 출력 함수 g의 파라미터를 어떻게 학습하는지 궁금해질 것이다. 노드 v의 타깃 정보 $\mathbf{t}_v$가 주어지면 손실 함수loss function를 다음과 같이 정의할 수 있다.

$$\text{손실 함수} = \sum_{v \in P}(\mathbf{t}_v - \mathbf{o}_v) \tag{4.6}$$

여기서 P는 $\mathbf{t}_v$가 정의된 노드 집합이다. 학습 알고리듬은 경사 하강 전략을 따라서 다음과 같은 절차로 이뤄진다.

- 상태 임베딩 $\mathbf{h}_v^t$는 식 (4.1)을 사용해서 시간 T까지 반복적으로 업데이트된다. 그러면 식 (4.3)의 고정점 근삿값 $\mathbf{H}(T) \approx \mathbf{H}$를 얻게 된다.

- 가중치 $\mathbf{w}$의 그레이디언트^{gradient}는 손실 함수로부터 계산된다.

- 가중치 $\mathbf{w}$는 마지막 단계에서 계산된 그레이디언트로 업데이트한다.

알고리듬을 돌리면 특정한 지도/반지도 임무에 맞게 학습된 모델과 노드의 은닉 상태 임베딩을 얻을 수 있다. 기본 GNN 모델은 그래프 데이터를 효율적으로 모델링하고 그래프와 신경망을 통합하는 첫 모델이다.

4.3 한계

GNN이 그래프 데이터를 모델링하기에 강력한 구조라는 실험 결과가 나왔지만 기본 GNN에는 여전히 몇 가지 한계가 있다.

- 첫째, 고정점을 얻기 위해 노드의 은닉 상태를 반복적으로 업데이트하는 계산은 비효율적이다. 모델은 고정점에 근사하기 위해 T번의 계산이 필요하다. 만약 이 가정이 완화되면 노드들의 안정된 표현을 얻기 위해 다중 계층 GNN을 설계할 수 있다.

- 둘째, 기본 GNN은 업데이트 과정에서 동일한 파라미터를 사용하는 반면, 인기 있는 대부분의 신경망은 다른 층에서는 다른 파라미터를 사용하는데 이는 계층적 특징 추출을 할 수 있다는 장점이 있다. 심지어 노드 은닉 상태를 업데이트하는 과정은 GRU나 LSTM 같은 RNN 커널을 적용할 수 있는 순차적인 과정이다.

- 셋째, 노드뿐만 아니라 에지에도 중요한 정보가 있을 수 있지만 기본 GNN은 그것을 모델링할 수 없다. 예를 들어, 지식 그래프에서 에지는 관계의 종류를 의미하고 그 관계에 따라 메시지 전파를 다르게 해야 한다. 에지의 은닉 상태를 어떻게 학습할지도 중요한 문제다.

- 마지막으로, T가 아주 큰 경우에는 고정점의 분포가 비슷한 값들을 갖게 되고 각 노드의 정보가 잘 구별되지 않기 때문에 노드의 표현을 학습할 때 고정점을 쓰는 것이 적합하지 않다.

기본 GNN의 이러한 한계를 극복하기 위해 여러 가지 변형된 방법들이 나왔다. 예를 들어 게이트 그래프 신경망^{GGNN, Gated Graph Neural Network}[Li et al., 2016]은 첫 번째 문제를 해결했고, 관계 그래프 합성곱 네트워크^{R-GCN, Relational GCN}[Schlichtkrull et al., 2018]는 방향 그래프를 다룰 수 있다. 더 자세한 내용은 이후의 장들에서 설명한다.

그래프 합성곱 네트워크

5장에서는 합성곱을 그래프 영역으로 확장하는 데 집중한 그래프 합성곱 네트워크^{GCN, Graph Convolutional Network}에 대해 설명한다. 합성곱 신경망^{CNN,} ^{Convolutional Neural Network}이 딥러닝에서 큰 성공을 했기에 그래프에 합성곱을 적용하려는 시도는 자연스럽다. 합성곱 신경망과 관련한 접근 방법은 주로 스펙트럼 접근 방법과 공간 접근 방법으로 나뉜다. 두 접근 방법은 각각 많은 변형이 존재하지만, 여기서는 대표적인 방법들만 소개한다.

5.1 스펙트럼 방법

스펙트럼 접근 방식은 그래프의 스펙트럼 표현을 사용한다. 이 절에서는 네 가지 모델(스펙트럼 네트워크, ChebNet, GCN, AGCN)을 소개한다.

5.1.1 스펙트럼 네트워크

스펙트럼 네트워크^{spectral network}는 브루나 외[Bruna et al., 2014]가 제안했다.

합성곱 연산은 푸리에^{Fourier} 영역에서 그래프 라플라시안$^{graph\ Laplacian}$의 고유 분해를 계산하는 것으로 정의한다. 이 연산은 각 노드의 스칼라로 이뤄진 신호 $\mathbf{x} \in \mathbb{R}^N$와 $\theta \in \mathbb{R}^N$로 파라미터화된 필터 $\mathbf{g}_\theta = \text{diag}(\theta)$의 곱이다.

$$\mathbf{g}_\theta \star \mathbf{x} = \mathbf{U}\mathbf{g}_\theta(\Lambda)\mathbf{U}^T\mathbf{x} \tag{5.1}$$

$\mathbf{D}$, $\mathbf{A}$가 각각 그래프의 차수행렬과 인접행렬일 때 정규화된 그래프 라플라시안은 $\mathbf{L} = \mathbf{I}_N - \mathbf{D}^{-\frac{1}{2}}\mathbf{A}\mathbf{D}^{-\frac{1}{2}} = \mathbf{U}\Lambda\mathbf{U}^T$로 정의하고, $\mathbf{U}$와 Λ는 각각 $\mathbf{L}$의 고유벡터로 이뤄진 행렬과 고윳값으로 이뤄진 대각행렬이다.

이 연산은 잠재적으로 강도 높은 계산과 비공간 지역 필터를 초래한다. 헤나프 외[Henaff et al., 2015]는 계수를 조절하는 파라미터를 도입해 스펙트럼 필터를 공간적으로 가까운 부분만 보려는 시도를 했다.

5.1.2 ChebNet

해먼드 외[Hammond et al., 2011]는 K차 체비쇼프^{Chebyshev} 다항식 $\mathbf{T}_k(x)$의 절단 확장으로 $\mathbf{g}_\theta(\Lambda)$를 근사하는 방법을 제안했다. 즉, λ_{max}는 $\mathbf{L}$의 최대 고윳값, $\theta \in \mathbb{R}^K$는 체비쇼프 계수의 벡터, $\tilde{\mathbf{L}} = \frac{2}{\lambda_{max}}\mathbf{L} - \mathbf{I}_N$일 때, 다음과 같다.

$$\mathbf{g}_\theta \star \mathbf{x} \approx \sum_{k=0}^{K} \theta_k \mathbf{T}_k(\tilde{\mathbf{L}})\mathbf{x} \tag{5.2}$$

체비쇼프 다항식은 $\mathbf{T}_k(\mathbf{x}) = 2\mathbf{x}\mathbf{T}_{k-1}(\mathbf{x}) - \mathbf{T}_{k-2}(\mathbf{x})$, $\mathbf{T}_0(\mathbf{x}) = 1$, $\mathbf{T}_1(\mathbf{x}) = \mathbf{x}$로 정의된다. 라플라시안에서 K차 다항식을 의미하기 때문에 거리가 K 이하인 범위만큼 계산했다고 볼 수 있다.

데페라드 외[Defferrard et al., 2016]가 ChebNet을 제안했는데, 거리가 K 이하인 범위를 다루는 합성곱을 사용해서 합성곱 신경망을 정의했고 이 방법의 장점은 라플라시안의 고유벡터를 전부 계산하지 않아도 된다는 것이다.

5.1.3 GCN

노드의 차수 분포가 넓은 그래프의 가까운 이웃 구조가 과적합되는 것을 방지하기 위해 킵프와 웰링[Kipf and Welling, 2017]은 합성곱 연산의 K를

1로 제한한다. 더 나아가 λ_{max}를 2로 근사해 다음과 같은 간소화된 식을 얻는다.

$$\mathbf{g}_{\theta'} \star \mathbf{x} \approx \theta'_0 \mathbf{x} + \theta'_1 \left(\mathbf{L} - \mathbf{I}_N \right) \mathbf{x} = \theta'_0 \mathbf{x} - \theta'_1 \mathbf{D}^{-\frac{1}{2}} \mathbf{A} \mathbf{D}^{-\frac{1}{2}} \mathbf{x} \qquad (5.3)$$

θ'_0과 θ'_1은 조절할 수 있는 파라미터다. $\theta = \theta'_0 = -\theta'_1$이라고 가정하면 다음 식을 얻을 수 있다.

$$\mathbf{g}_{\theta} \star \mathbf{x} \approx \theta \left(\mathbf{I}_N + \mathbf{D}^{-\frac{1}{2}} \mathbf{A} \mathbf{D}^{-\frac{1}{2}} \right) \mathbf{x} \qquad (5.4)$$

이 방법을 쓰면 그레이디언트가 급증하거나 사라져서 수렴하지 않을 수 있기 때문에 킵프와 웰링[2017]은 재정규화 트릭$^{renormalization\ trick}$을 써서 $\mathbf{I}_N + \mathbf{D}^{-\frac{1}{2}} \mathbf{A} \mathbf{D}^{-\frac{1}{2}}$을 $\tilde{\mathbf{D}}^{-\frac{1}{2}} \tilde{\mathbf{A}} \tilde{\mathbf{D}}^{-\frac{1}{2}}$로 대체할 수 있다. 여기서 $\tilde{\mathbf{A}} = \mathbf{A} + \mathbf{I}_N$이고 $\tilde{\mathbf{D}}_{ii} = \sum_j \tilde{\mathbf{A}}_{ij}$다. 정리하면, C는 입력 채널 수, F는 필터 수, $\mathbf{X} \in \mathbb{R}^{N \times C}$는 신호, $\Theta \in \mathbb{R}^{C \times F}$는 필터 파라미터 행렬, $\mathbf{Z} \in \mathbb{R}^{N \times F}$는 합성곱을 적용한 신호 행렬일 때 다음 결과를 얻을 수 있다.

$$\mathbf{Z} = \tilde{\mathbf{D}}^{-\frac{1}{2}} \tilde{\mathbf{A}} \tilde{\mathbf{D}}^{-\frac{1}{2}} \mathbf{X} \Theta \qquad (5.5)$$

정리된 결과를 보면 GCN은 5.2절에 나오는 공간 방법의 하나라고 생각할 수도 있다.

5.1.4 AGCN

앞에서 소개한 모델들은 주어진 그래프의 에지를 그대로 사용해 노드 간의 관계를 나타냈지만 어댑티브 GCN$^{AGCN,\ Adaptive\ Graph\ Convolution\ Network}$은 아직 드러나지 않은 숨겨진 관계까지 고려하는 모델이다[Li et al., 2018b]. AGCN은 '레지듀얼^{residual}' 그래프 라플라시안 $\mathbf{L}_{res}$를 학습해 기존의 그래프 라플라시안 $\mathbf{L}$에 더한다.

$$\widehat{\mathbf{L}} = \mathbf{L} + \alpha \mathbf{L}_{res} \qquad (5.6)$$

여기서 α는 파라미터다.

$\mathbf{L}_{res}$는 어댑티브 메트릭$^{adaptive\ metric}$으로 계산된 인접행렬 $\widehat{\mathbf{A}}$로부터 다음과

같이 계산된다.

$$\mathbf{L}_{res} = \mathbf{I} - \widehat{\mathbf{D}}^{-\frac{1}{2}}\widehat{\mathbf{A}}\widehat{\mathbf{D}}^{-\frac{1}{2}}$$
$$\widehat{\mathbf{D}} = \text{degree}(\widehat{\mathbf{A}})$$

(5.7)

유클리드 거리$^{\text{Euclidean distance}}$가 그래프 데이터에 맞지 않기 때문에 우리가 사용할 메트릭을 목적과 입력값에 맞게 적응시켜야 한다. AGCN은 일반화된 마할라노비스 거리$^{\text{Mahalanobis distance}}$

$$D(\mathbf{x}_i, \mathbf{x}_j) = \sqrt{(\mathbf{x}_i - \mathbf{x}_j)^T \mathbf{M}(\mathbf{x}_i - \mathbf{x}_j)}$$

(5.8)

를 사용하는데, 여기서 $\mathbf{M}$은 $\mathbf{M} = \mathbf{W}_d\mathbf{W}_d^T$를 만족하는 학습된 파라미터이고, $\mathbf{W}_d$는 적응 공간으로 변환된 기저다. 조밀 인접행렬$^{\text{dense adjacency matrix}}$ $\widehat{\mathbf{A}}$는 가우시안 커널과 정규화를 이용해 다음 식을 통해 얻는다.

$$G_{x_i, x_j} = \exp\left(-D(\mathbf{x}_i, \mathbf{x}_j) / \left(2\sigma^2\right)\right)$$

(5.9)

5.2 공간 방법

앞서 언급한 스펙트럼 방법들은 모두 라플라시안 고유 기저로 만들어진 학습된 필터를 사용하는데, 이 값은 그래프 구조로부터 나온다. 따라서 모델이 특정한 구조에 학습되어 있고 새로운 구조의 그래프가 있을 때 바로 적용하지 못하게 된다.

반면에 공간 방법$^{\text{spatial approache}}$은 공간적으로 가까운 이웃 노드에 직접 적용하는 합성곱을 정의한다. 공간 방법에서 중요한 문제는 다른 크기를 갖는 이웃들에 적용할 수 있는 합성곱을 정의하고 CNN의 지역 불변성을 잃지 않는 것이다.

5.2.1 뉴럴 FPS

두베나우드 외[Duvenaud et al., 2015]는 다른 차수의 노드에 다른 가중치 행렬을 사용한다.

$$\mathbf{x} = \mathbf{h}_v^{t-1} + \sum_{i=1}^{|N_v|} \mathbf{h}_i^{t-1}$$

$$\mathbf{h}_v^t = \sigma\left(\mathbf{x}\mathbf{W}_t^{|N_v|}\right)$$

$$(5.10)$$

여기서 $\mathbf{h}_v^t$는 t번째 층에서 노드 v의 임베딩, N_v는 노드 v의 이웃 집합, $\mathbf{W}_t^{|N_v|}$는 t번째 층에서 차수가 $|N_v|$인 노드의 가중치 행렬이다. 이 식에서 모델이 이웃의 임베딩뿐만 아니라 자기 자신의 임베딩을 더한 후 그 값을 $\mathbf{W}_t^{|N_v|}$로 변환하는 것을 볼 수 있다. 이 방법의 큰 단점은 차수별로 다른 행렬을 사용하기 때문에 노드 차수가 많은, 큰 규모의 그래프에 사용할 수 없다는 것이다.

5.2.2 PATCHY-SAN

PATCHY-SAN 모델[Niepert et al., 2016]은 먼저 각 노드에서 k개의 이웃을 고르고 정규화한다. 정규화된 이웃을 수용 영역^{receptive field}으로 생각해 그곳에 합성곱을 적용한다. 다음과 같은 네 단계로 나누어 자세히 살펴보자.

노드 선택 이 방법은 모든 노드에서 단계를 진행하진 않는다. 그래프 레이블링을 통해 노드의 순서를 정하고 그 순서를 기반으로 노드를 w개 선택한다.

이웃 모으기 이번 단계에서는 전 단계에서 선택된 노드 각각을 기준으로 수용 영역을 만든다. 각 노드와 가까운 노드들이 후보인데, 모델은 간단한 너비 우선 탐색^{breadth-first search}을 통해 k개를 뽑는다. 즉, 먼저 거리 1인 노드를 고르고 부족하면 거리를 늘려서 가까운 노드 k개를 고른다.

그래프 정규화 이번 단계에서는 수용 영역에 있는 노드의 순서를 매겨서 순서가 있는 그래프 공간을 벡터 공간으로 바꾼다. 이 단계가 가장 중요한 단계인데, 핵심 아이디어는 구조적으로 비슷한 역할을 하는 노드는 다른 그래프에 있어도 비슷한 위치로 여기는 것이다. 자세한 내용은 니퍼트 외[Niepert et al., 2016]에서 확인할 수 있다.

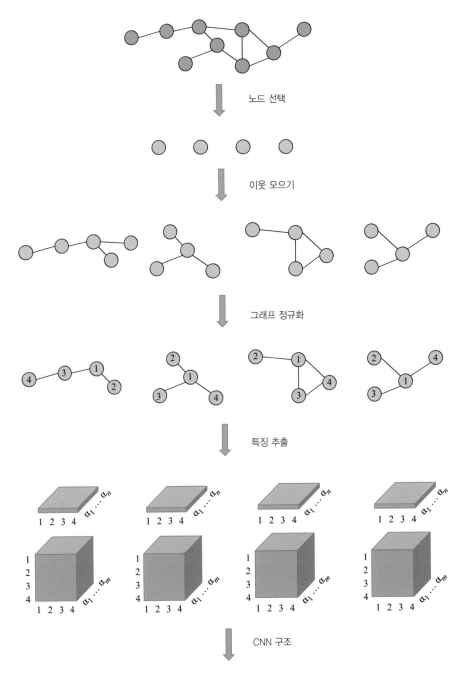

노드 선택

이웃 모으기

그래프 정규화

특징 추출

CNN 구조

그림 5.1 PATCHY-SAN의 구조. 참고로 이 그림은 이해를 돕기 위한 것일 뿐, 알고리듬의 진짜 결과는 아니다.

합성곱 구조 전 단계에서 수용 영역을 정규화해서 CNN 구조를 쓸 수 있게 됐다. 정규화된 이웃을 수용 영역으로, 노드와 에지 속성을 채널로 한다.

그림 5.1에서 이 모델이 어떤 단계로 이뤄지는지 볼 수 있다. 이 방법은 그래프 학습 문제를 기존 유클리드 데이터 학습 문제로 바꾸려고 노력했다.

5.2.3 DCNN

애투드와 토우슬리[Atwood and Towsley, 2016]는 확산 합성곱 신경망DCNN, Diffusion-Convolutional Neural Network을 제안했다. DCNN에서 노드의 이웃을 정의하기 위해 추이행렬transition matrix을 사용한다. N은 노드 개수, F는 특징 수, $\mathbf{X}$는 $N \times F$ 입력 특징 텐서, $\mathbf{P}$는 그래프의 인접행렬 $\mathbf{A}$로부터 얻은 차수 정규화 추이행렬, $\mathbf{P}^*$는 행렬 $\mathbf{P}$의 거듭제곱급수 $\{\mathbf{P}, \mathbf{P}^2, \cdots, \mathbf{P}^K\}$로 이뤄진 $N \times K \times N$ 텐서라고 할 때, 노드 분류에서

$$\mathbf{H} = \sigma \left(\mathbf{W}^c \odot \mathbf{P}^* \mathbf{X} \right) \tag{5.11}$$

이다. $\mathbf{X}$에 $\mathbf{P}^*$를 곱하는 것을 통해 각 원소는 K 홉 그래프 확산을 뜻하는 $K \times F$ 행렬인 확산 합성곱 표현으로 바뀐다. 그 후 $K \times F$ 가중치 행렬weight matrix과 비선형 활성 함수nonlinear activation function σ를 통해 그래프에서 각 노드의 확산 표현을 뜻하는 $N \times K \times F$ 텐서 $\mathbf{H}$를 얻을 수 있다.

그래프 분류는 단순히 노드 표현의 평균으로 계산하는데, 1_N이 전부 1로 이뤄진 $N \times 1$ 벡터일 때

$$\mathbf{H} = \sigma \left(\mathbf{W}^c \odot 1_N^T \mathbf{P}^* \mathbf{X} / N \right) \tag{5.12}$$

이다. DCNN은 에지 분류에도 사용할 수 있는데, 에지를 노드로 바꾸고 인접행렬을 붙이는 등의 추가 작업이 필요하다.

5.2.4 DGCN

주앙과 마[Zhuang and Ma, 2018]는 그래프의 부분 일관성과 전체 일관성을 모두 고려하는 듀얼 그래프 합성곱 네트워크[DGCN, Dual Graph Convolutional Network]를 제안했다. 부분 일관성과 전체 일관성을 파악하는 합성곱 네트워크 2개를 사용했고 이 둘을 잘 섞기 위해 비지도 손실 함수[unsupervised loss function]를 2개 사용했다. 첫 번째 합성곱 네트워크는 식 (5.5)와 같고, 두 번째는 인접행렬 대신 양의 점별 상호 정보[PPMI, Positive Pointwise Mutual Information] 행렬

$$\mathbf{H}' = \sigma \left(\mathbf{D}_P^{-\frac{1}{2}} \mathbf{X}_P \mathbf{D}_P^{-\frac{1}{2}} \mathbf{H} \Theta \right) \tag{5.13}$$

을 사용했다. $\mathbf{X}_P$는 PPMI 행렬, $\mathbf{D}_P$는 $\mathbf{X}_P$의 대각행렬, σ는 비선형 활성 함수다.

두 가지를 함께 사용한 이유는 (1) 식 (5.5)는 가까운 노드는 비슷한 레이블을 가질 가능성이 높다는 것을 의미하는 부분 일관성을 모델링하고 (2) 식 (5.13)은 비슷한 내용을 가진 노드는 비슷한 레이블을 가질 가능성이 높다는 것을 가정하는 전체 일관성을 모델링하기 때문이다. 부분 일관성 합성곱을 $Conv_A$, 전체 일관성 합성곱을 $Conv_P$라고 한다.

주앙과 마[2018]는 두 합성곱을 다음과 같이 최종 손실 함수에서도 함께 사용했다.

$$L = L_0(Conv_A) + \lambda(t)L_{reg}(Conv_A, Conv_P) \tag{5.14}$$

$\lambda(t)$는 두 손실 함수의 중요성을 조절하는 가중치이고, $L_0(Conv_A)$는 주어진 노드 레이블에 대한 지도 손실 함수다. 예측할 레이블의 수를 c, $Conv_A$의 출력행렬을 Z^A, 소프트맥스[softmax] 적용 후 Z^A의 결과를 $\widehat{Z}^A$라고 하면, 손실 함수 $L_0(Conv_A)$는 크로스 엔트로피 에러[cross-entropy error]를 사용해 다음과 같이 계산할 수 있다.

$$L_0(Conv_A) = -\frac{1}{|y_L|} \sum_{l \in y_L} \sum_{i=1}^{c} Y_{l,i} ln \left(\widehat{Z}_{l,i}^A \right) \tag{5.15}$$

여기서 y_L은 학습 데이터의 인덱스 집합이고, Y는 정답값이다.

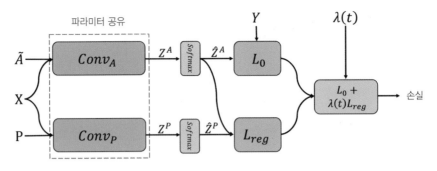

그림 5.2 DGCN 모델 구조

$\widehat{Z}^P$를 소프트맥스 적용 후 $Conv_P$의 결괏값이라고 할 때, L_{reg}를 다음과 같이 얻을 수 있다.

$$L_{reg}(Conv_A, Conv_P) = \frac{1}{n} \sum_{i=1}^{n} \left\| \widehat{Z}^P_{i,:} - \widehat{Z}^A_{i,:} \right\|^2 \tag{5.16}$$

따라서 $L_{reg}(Conv_A, Conv_P)$는 $\widehat{Z}^P$와 $\widehat{Z}^A$의 차로 계산되는 비지도 손실 함수다. 이 모델의 구조를 그림 5.2에서 볼 수 있다.

5.2.5 LGCN

가오 외[Gao et al., 2018]는 학습 가능한 그래프 합성곱 네트워크LGCN, Learnable Graph Convolutional Network를 제안했다. 이 네트워크는 학습 가능한 그래프 합성곱 층LGCL, Learnable Graph Convolutional Layer과 부분 그래프 합성 전략을 쓴다. 그러면 LGCL에 대해 자세히 알아보자.

LGCL은 CNN의 애그리게이터로 쓴다. 관련 높은 k개의 특징 요소를 얻기 위해 노드의 이웃 행렬에 최대 풀링을 적용한 후 1차원 CNN을 적용해 은닉 표현을 계산한다. LGCL의 전파 단계는 다음과 같다.

$$\begin{aligned} \widehat{H}_t &= g(H_t, A, k) \\ H_{t+1} &= c\left(\widehat{H}_t\right) \end{aligned} \tag{5.17}$$

여기서 A는 인접행렬, $g(\cdot)$는 가장 큰 노드 k개를 뽑는 연산, $c(\cdot)$는 일반적

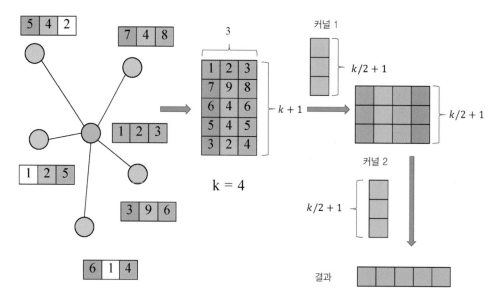

그림 5.3 LGCL의 예. 각 노드는 3개의 특징을 갖고 있고 $k = 4$다. 가운데 있는 노드의 이웃 5개의 특징에서 4개씩 왼쪽 그림에 색칠된 것처럼 뽑는다. 그리고 1차원 CNN을 적용해 결과를 얻는다.

인 1차원 CNN을 의미한다.

모델은 각 노드에서 정보를 얻기 위해 가장 큰 노드 k개를 뽑는 연산을 한다. 주어진 노드 x에서 이웃의 특징을 모으면 특징의 크기가 c이고 이웃이 n개일 때 행렬 $M \in \mathbb{R}^{n \times c}$를 얻는다. 만약 n이 k보다 작으면 M에 값이 0인 열을 붙인다. 각 열의 값에 순위를 매긴 후 가장 높은 값 k개를 뽑는다. 그리고 나서 노드 x의 임베딩을 행렬의 첫 번째 행에 넣으면 행렬 $\widehat{M} \in \mathbb{R}^{(k+1) \times c}$를 얻는다.

행렬 $\widehat{M}$을 얻은 후 일반적인 1차원 CNN으로 특징을 애그리게이트한다. 함수 $c(\cdot)$는 $N \times (k + 1) \times C$ 행렬을 입력으로 받고 $N \times D$차원이나 $N \times 1 \times D$차원 행렬을 출력한다. LGCL의 예시를 그림 5.3에서 확인할 수 있다.

5.2.6 MoNet

몬티 외[Monti et al., 2017]는 비유클리드 영역을 다루는 공간 영역 모델 MoNet을 제안했다. MoNet은 과거 결과들을 일반화할 수 있는 모델인데 매니폴드를 다루는 GCNN^{geodesic CNN}[Masci et al., 2015]과 ACNN^{anisotropic CNN}[Boscaini et al., 2016], 그래프를 다루는 GCN[Kipf and Welling, 2017]과 DCNN[Atwood and Twosley, 2016]이 그 예다.

x는 그래프의 노드이고, $y \in N_x$는 x의 이웃이라고 하자. MoNet은 노드와 이웃 간의 가짜 좌표^{pseudo-coordinates} $\mathbf{u}(x, y)$를 계산하고 이를 이용해 가중치 함수를 정의한다.

$$D_j(x)f = \sum_{y \in N_x} w_j(\mathbf{u}(x, y))f(y) \qquad (5.18)$$

$\mathbf{w}_\Theta(\mathbf{u}) = (w_1(\mathbf{u}), \cdots, w_J(\mathbf{u}))$는 파라미터이고, J는 추출된 패치의 크기다. 이때 비유클리드 영역의 합성곱은 다음과 같다.

$$(f \star g)(x) = \sum_{j=1}^{J} g_j D_j(x)f \qquad (5.19)$$

위 식에서 $\mathbf{u}$와 $\mathbf{w}(\mathbf{u})$를 어떻게 정하는지에 따라 기존 모델을 나타낼 수 있다. 그래프를 다루는 딥러닝에 대한 경우는 표 5.1에 있고 더 자세한 내용은 논문을 참고하길 바란다.

표 5.1 MoNet 프레임워크에서 각 모델에 대한 설정값들

방법	$\mathbf{u}(x, y)$	가중치 함수 $w_j(\mathbf{u})$
CNN	$\mathbf{x}(x, y) = \mathbf{x}(y) - \mathbf{x}(x)$	$\delta(\mathbf{u} - \bar{\mathbf{u}}_j)$
GCN	$\deg(\mathrm{x}), \deg(\mathrm{y})$	$(1 - |1 - \frac{1}{\sqrt{u_1}}|)(1 - \frac{1}{\sqrt{u_2}}|)$
DCNN	$p^0(x, y), \ldots p^{r-1}(x, y)$	$id(u_j)$

5.2.7 GraphSAGE

해밀턴 외[Hamilton et al., 2017b]는 일반적인 귀납적 프레임워크 GraphSAGE를 제안했다. 이 프레임워크는 근처에 있는 노드의 특징을 샘플링하고 모아서 임베딩을 계산한다. GraphSAGE의 전파 단계는

$$\mathbf{h}_{N_v}^t = \text{AGGREGATE}_t \left(\{\mathbf{h}_u^{t-1}, \forall u \in N_v\} \right)$$
$$\mathbf{h}_v^t = \sigma \left(\mathbf{W}^t \cdot \left[\mathbf{h}_v^{t-1} \| \mathbf{h}_{N_v}^t \right] \right) \tag{5.20}$$

이고, 여기서 $\mathbf{W}^t$는 t층에서의 파라미터다.

식 (5.20)에서 알 수 있듯이 해밀턴 외[2017b]는 이웃 노드를 모두 사용하지 않고 정해진 개수만 골고루 샘플링한다. 애그리게이터 함수는 다양하게 변할 수 있고, 논문에서는 다음 세 함수를 제안했다.

- **평균 애그리게이터**^{mean aggregator}: 트랜스덕티브^{transductive} GCN 프레임워크 [Kipf and Welling, 2017]의 합성곱을 귀납적 버전으로 다음과 같이 바꿨다고도 볼 수 있다.

$$\mathbf{h}_v^t = \sigma \left(\mathbf{W} \cdot \text{MEAN}(\{\mathbf{h}_v^{t-1}\} \cup \{\mathbf{h}_u^{t-1}, \forall u \in N_v\}) \right) \tag{5.21}$$

  평균 애그리게이터는 식 (5.20)에서 $\mathbf{h}_v^{t-1}$과 $\mathbf{h}_{N_v}^t$를 붙이는 연산을 하지 않는다는 점에서 다른 애그리게이터와 다르다. '스킵 커넥션'[He et al., 2016b]라고 생각할 수도 있는데, 더 좋은 성능을 얻을 수 있다.

- **LSTM 애그리게이터**^{LSTM aggregator}: 더 큰 표현 능력을 가진 LSTM 기반 애그리게이터도 사용했다. LSTM의 입력값은 순서가 있어야 하기 때문에 노드의 이웃의 랜덤 순열을 사용했다.

- **풀링 애그리게이터**^{pooling aggregator}: 각 이웃의 은닉 상태를 완전연결 층을 통과시킨 후 이웃 집합에서 맥스 풀링^{max-pooling} 작업을 한다.

$$\mathbf{h}_{N_v}^t = \max \left(\{\sigma \left(\mathbf{W}_{\text{pool}} \mathbf{h}_u^{t-1} + \mathbf{b} \right), \forall u \in N_v\} \right) \tag{5.22}$$

  참고로 맥스 풀링 대신 다른 대칭 함수를 사용할 수 있다.

GraphSAGE는 더 좋은 표현을 얻기 위해 가까운 노드는 비슷한 표현을 갖고 먼 노드는 다른 표현을 갖게 하는 비지도 손실 함수를 다음과 같이 제안한다.

$$J_G(\mathbf{z}_u) = -\log\left(\sigma\left(\mathbf{z}_u^T \mathbf{z}_v\right)\right) - Q \cdot E_{v_n \sim P_n(v)}\log\left(\sigma\left(-\mathbf{z}_u^T \mathbf{z}_{v_n}\right)\right) \quad (5.23)$$

여기서 v는 u의 이웃이고 P_n은 음표본추출 분포^{negative sampling distribution}, Q는 음표본의 수다.

CHAPTER

6

그래프 순환 네트워크

GRU나 LSTM 같은 RNN에서 사용하는 게이트 메커니즘을 전파 단계에 적용해 기본 GNN 모델의 제약을 줄이고 롱텀^{long-term} 정보 전파의 효과를 향상하는 방법도 있다. 6장에서는 몇 가지 변형을 설명하는데, 이를 그래프 순환 네트워크^{GRN, Graph Recurrent Network}라고 부른다.

6.1 게이트 그래프 신경망

리 외[Li et al., 2016]는 전파 단계에서 GRU^{Gate Recurrent Units}를 사용하는 게이트 그래프 신경망^{GGNN, Gated Graph Neural Network}을 제안했다. 정해진 횟수에 대해 순환 신경망을 풀고 시간을 통해 역전파해서 그레이디언트를 계산한다.

구체적으로 말하면, 전파 모델에서 반복되는 부분은 다음 식과 같다.

$$
\begin{aligned}
\mathbf{a}_v^t &= \mathbf{A}_v^T \left[\mathbf{h}_1^{t-1} \dots \mathbf{h}_N^{t-1} \right]^T + \mathbf{b} \\
\mathbf{z}_v^t &= \sigma \left(\mathbf{W}^z \mathbf{a}_v^t + \mathbf{U}^z \mathbf{h}_v^{t-1} \right) \\
\mathbf{r}_v^t &= \sigma \left(\mathbf{W}^r \mathbf{a}_v^t + \mathbf{U}^r \mathbf{h}_v^{t-1} \right)
\end{aligned}
\tag{6.1}
$$

$$\widetilde{\mathbf{h}}_v^t = \tanh\left(\mathbf{W}\mathbf{a}_v^t + \mathbf{U}\left(\mathbf{r}_v^t \odot \mathbf{h}_v^{t-1}\right)\right)$$
$$\mathbf{h}_v^t = \left(1 - \mathbf{z}_v^t\right) \odot \mathbf{h}_v^{t-1} + \mathbf{z}_v^t \odot \widetilde{\mathbf{h}}_v^t$$

노드 v는 먼저 이웃으로부터 메시지를 모은다. $\mathbf{A}_v$는 인접행렬 $\mathbf{A}$의 부분 집합이고 v와의 연결관계를 나타낸다. GRU와 유사한 업데이트 함수는 각 노드의 이웃과 직전 시간의 정보를 사용해 노드의 은닉 상태를 업데이트한다. 벡터 $\mathbf{a}$는 v의 이웃 정보를 모으고, $\mathbf{z}$와 $\mathbf{r}$은 각각 업데이트, 리셋 게이트다. $\odot$는 하다마드 곱 Hardamard product 연산이다.

기존 모델은 노드 레벨 분류, 그래프 레벨 분류 등 하나의 출력 결과를 내는 반면, GGNN은 시퀀스를 출력해야 하는 문제를 위해 설계됐다.

리 외[2016]는 더 나아가서 GGNN 여러 개를 사용해 결과 시퀀스 $\mathbf{o}^{(1)}\cdots$ $\mathbf{o}^{(K)}$를 얻을 수 있는 게이트 그래프 시퀀스 신경망 GGS-NN, Gated Graph Sequence Neural Network 을 제안했다. 그림 6.1에서 볼 수 있듯이 k번째 출력 단계에서 노드 주석 행렬을 $\mathbf{X}^{(k)}$라고 한다. 두 GGNN은 다음과 같은 구조를 갖고 있다. (1) $\mathbf{X}^{(k)}$로부터 $\mathbf{o}^{(k)}$를 예측하기 위한 $F_o^{(k)}$, (2) $\mathbf{X}^{(k)}$로부터 $\mathbf{X}^{(k+1)}$을 예측하기 위한 $F_x^{(k)}$. $\mathbf{H}^{(k,\,t)}$를 k번째 출력 단계의 t번째 전파 단계라고 한다. 각 단계 k에서 $\mathbf{H}^{(k,\,1)}$의 값은 $\mathbf{X}^{(k)}$로 초기화된다. $F_o^{(k)}$와 $F_x^{(k)}$는 다른 모델일 수도 있고 같은 파라미터를 공유할 수도 있다.

이 모델은 bAbI 업무와 프로그램 확인 업무에 사용되어 성능을 증명했다.

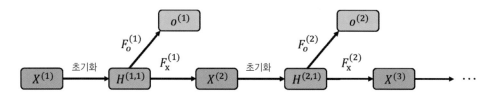

그림 6.1 게이트 그래프 시퀀스 신경망 모델의 구조

6.2 Tree-LSTM

LSTM도 GRU처럼 트리나 그래프에서 전파 단계에 적용됐다.

타이 외[Tai et al., 2015]는 기본 LSTM 구조의 두 가지 확장을 제안했는데, 하나는 Child-Sum Tree-LSTM이고 다른 하나는 N-ary Tree-LSTM이다. 표준 LSTM 유닛에서 사용하듯이 각각의 Tree-LSTM 유닛 v는 입력 게이트 $\mathbf{i}_v$, 출력 게이트 $\mathbf{o}_v$, 메모리 셀 $\mathbf{c}_v$, 은닉 상태 $\mathbf{h}_v$를 갖고 있다. Tree-LSTM 유닛은 단일 망각 게이트를 버리고 각 자식 k에 대한 망각 게이트 $\mathbf{f}_{vk}$를 사용해서 자식들의 정보를 모은다. Child-Sum Tree-LSTM을 수식으로 나타내면 다음과 같다.

$$
\begin{aligned}
\widetilde{\mathbf{h}}_v^{t-1} &= \sum_{k \in N_v} \mathbf{h}_k^{t-1} \\
\mathbf{i}_v^t &= \sigma\left(\mathbf{W}^i \mathbf{x}_v^t + \mathbf{U}^i \widetilde{\mathbf{h}}_v^{t-1} + \mathbf{b}^i\right) \\
\mathbf{f}_{vk}^t &= \sigma\left(\mathbf{W}^f \mathbf{x}_v^t + \mathbf{U}^f \mathbf{h}_k^{t-1} + \mathbf{b}^f\right) \\
\mathbf{o}_v^t &= \sigma\left(\mathbf{W}^o \mathbf{x}_v^t + \mathbf{U}^o \widetilde{\mathbf{h}}_v^{t-1} + \mathbf{b}^o\right) \\
\mathbf{u}_v^t &= \tanh\left(\mathbf{W}^u \mathbf{x}_v^t + \mathbf{U}^u \widetilde{\mathbf{h}}_v^{t-1} + \mathbf{b}^u\right) \\
\mathbf{c}_v^t &= \mathbf{i}_v^t \odot \mathbf{u}_v^t + \sum_{k \in N_v} \mathbf{f}_{vk}^t \odot \mathbf{c}_k^{t-1} \\
\mathbf{h}_v^t &= \mathbf{o}_v^t \odot \tanh(\mathbf{c}_v^t)
\end{aligned}
\tag{6.2}
$$

여기서 $\mathbf{X}_v^t$는 시간 t에서의 입력 벡터이고, $\odot$는 하다마드 곱 연산이다.

트리의 각 노드의 자식 수가 K보다 작고 자식들에게 1부터 K까지 순서를 매길 수 있다면 N-ary Tree-LSTM을 쓸 수 있다. 노드 v에 대해 $\mathbf{h}_{vk}^t$와 $\mathbf{c}_{vk}^t$는 각각 시간 t에서 k번째 자식의 은닉 상태와 메모리 셀이다. 수식으로는 다음과 같이 표현된다.

$$
\begin{aligned}
\mathbf{i}_v^t &= \sigma\left(\mathbf{W}^i \mathbf{x}_v^t + \sum_{l=1}^{K} \mathbf{U}_l^i \mathbf{h}_{vl}^{t-1} + \mathbf{b}^i\right) \\
\mathbf{f}_{vk}^t &= \sigma\left(\mathbf{W}^f \mathbf{x}_v^t + \sum_{l=1}^{K} \mathbf{U}_{kl}^f \mathbf{h}_{vl}^{t-1} + \mathbf{b}^f\right)
\end{aligned}
$$

$$\mathbf{o}_v^t = \sigma\left(\mathbf{W}^o\mathbf{x}_v^t + \sum_{l=1}^{K}\mathbf{U}_l^o\mathbf{h}_{vl}^{t-1} + \mathbf{b}^o\right) \tag{6.3}$$

$$\mathbf{u}_v^t = \tanh\left(\mathbf{W}^u\mathbf{x}_v^t + \sum_{l=1}^{K}\mathbf{U}_l^u\mathbf{h}_{vl}^{t-1} + \mathbf{b}^u\right)$$

$$\mathbf{c}_v^t = \mathbf{i}_v^t \odot \mathbf{u}_v^t + \sum_{l=1}^{K}\mathbf{f}_{vl}^t \odot \mathbf{c}_{vl}^{t-1}$$

$$\mathbf{h}_v^t = \mathbf{o}_v^t \odot \tanh(\mathbf{c}_v^t)$$

Child-Sum Tree-LSTM에 비해 N-ary Tree-LSTM은 각 자식에서 분리된 파라미터 행렬을 사용함으로써 자식들에 대해 더욱 미세한 표현을 학습할 수 있게 된다.

6.3 그래프 LSTM

위에서 소개한 두 Tree-LSTM은 쉽게 그래프로 확장할 수 있다. 그래프 구조를 갖는 LSTM은 자야츠와 오스텐돌프[Zayats and Ostendorf, 2018]가 N-ary Tree-LSTM을 그래프에 적용한 것이다. 하지만 그래프의 노드가 많아야 2개의 들어오는 에지를 갖고 있어서 간단한 형태였다. 펭 외[Peng et al., 2017]는 관계 추출 업무를 기반으로 그래프 LSTM의 새로운 변형을 제안했다. 그래프와 트리의 가장 큰 차이는 그래프의 에지는 레이블을 갖고 있다는 점이다. 펭 외[2017]는 다른 레이블을 표현하기 위해 다른 가중치 행렬을 사용했다.

$$\mathbf{i}_v^t = \sigma\left(\mathbf{W}^i\mathbf{x}_v^t + \sum_{k \in N_v}\mathbf{U}_{m(v,k)}^i\mathbf{h}_k^{t-1} + \mathbf{b}^i\right)$$

$$\mathbf{f}_{vk}^t = \sigma\left(\mathbf{W}^f\mathbf{x}_v^t + \mathbf{U}_{m(v,k)}^f\mathbf{h}_k^{t-1} + \mathbf{b}^f\right)$$

$$\mathbf{o}_v^t = \sigma\left(\mathbf{W}^o\mathbf{x}_v^t + \sum_{k \in N_v}\mathbf{U}_{m(v,k)}^o\mathbf{h}_k^{t-1} + \mathbf{b}^o\right) \tag{6.4}$$

$$\mathbf{u}_v^t = \tanh\left(\mathbf{W}^u\mathbf{x}_v^t + \sum_{k \in N_v}\mathbf{U}_{m(v,k)}^u\mathbf{h}_k^{t-1} + \mathbf{b}^u\right)$$

$$\mathbf{c}_v^t = \mathbf{i}_v^t \odot \mathbf{u}_v^t + \sum_{k \in N_v} \mathbf{f}_{vk}^t \odot \mathbf{c}_k^{t-1}$$

$$\mathbf{h}_v^t = \mathbf{o}_v^t \odot \tanh(\mathbf{c}_v^t)$$

여기서 $m(v, k)$는 노드 v와 노드 k를 연결하는 에지의 레이블이고, $\odot$는 하다마드 곱 연산이다.

리앙 외[Liang et al., 2016]는 의미를 갖는 객체 구분을 해결하기 위해 그래프 LSTM을 제안한다. 신뢰 기반 규칙을 통해 시작할 노드를 고르고 업데이트하는 순서를 결정한다. 기존의 LSTM을 그래프 구조 데이터로 확장하기 위해 같은 아이디어를 쓰는데, 위에서 언급한 방법은 노드의 순서를 고려하지 않는 반면 이 모델은 업데이트하는 순서를 정한다.

6.4 S-LSTM

장 외[Zhang et al., 2018c]는 텍스트 인코딩의 성능을 향상하기 위해 S-LSTM^Sentence-LSTM을 제안한다. 텍스트를 그래프로 변환하고 그래프 LSTM을 사용해 학습한다. S-LSTM은 많은 NLP 문제를 푸는 데 강한 표현력을 보여줬다.

자세히 얘기하면, S-LSTM은 각 단어를 그래프에서 노드라고 생각하고 상위 노드를 더한다. 각 층에서 단어 노드는 인접한 노드와 상위 노드의 정보를 모은다. 상위 노드는 모든 단어와 자신의 정보를 합친다. 다른 노드들과의 연결이 어떻게 되는지 그림 6.2에서 볼 수 있다.

이런 연결을 한 이유는 상위 노드가 전체적인 정보를 제공해서 먼 거리에 의존하는 문제를 해결할 수 있고, 단어 노드는 의미 정보를 주변 단어로부터 얻을 수 있기 때문이다. 따라서 각 단어들이 충분한 정보를 얻을 수 있고 지역 정보와 전체 정보를 둘 다 반영해 모델링할 수 있다.

S-LSTM은 많은 자연어 처리 문제를 해결할 수 있다. 단어의 은닉 상태는 순서 레이블링, POS^part-of-speech 태깅 등 단어 레벨의 문제를 해결할 수 있고, 상위 노드의 은닉 상태를 활용해서 문장 분류 등 문장 레벨의 문제를

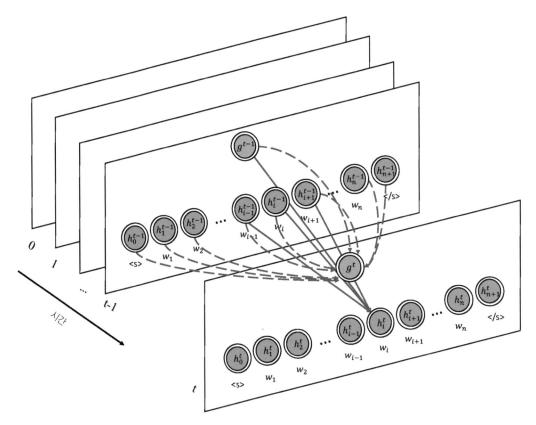

그림 6.2 S–LSTM 모델의 전파 단계. 점선은 상위 노드 g와 직전 층에서의 이웃을 연결해준다. 실선은 단어 노드와 직전 측에서의 이웃을 연결해준다.

해결할 수 있다. 이 모델은 다양한 업무에서 뛰어난 성능을 보였고 트랜스포머[Transformer][Vaswani et al., 2017]보다도 좋은 성능을 보였다.

그래프 어텐션 네트워크

어텐션 메커니즘$^{attention\ mechanism}$은 기계 번역[Bahdanau et al., 2015, Gehring et al., 2017, Vaswani et al., 2017], 기계 독해[Cheng et al., 2016]처럼 순서에 기반한 문제들을 성공적으로 해결했다. GCN이 모든 이웃 노드를 골고루 다루는 반면에 어텐션 메커니즘을 사용하면 이웃 노드들에 각기 다른 가중치를 줄 수 있어서 중요한 이웃과 중요하지 않은 이웃을 구분할 수 있게 된다. 어텐션 메커니즘을 GNN의 전파 단계에 적용하는 방법을 자연스럽게 떠올릴 수 있다. 7장에서는 어텐션 메커니즘과 GNN을 결합한 GAT와 GaAN을 알아보자.

그래프 어텐션 네트워크도 GCN류 방법이라고 할 수 있지만 더욱 자세한 설명을 하고자 장을 나눴다.

7.1 GAT

벨리코비크 외[Velickovic et al., 2018]는 전파 단계에 어텐션 메커니즘을 결합하는 그래프 어텐션 네트워크[GAT, Graph Attention Network]를 제시했다. GAT는 셀프 어텐션 전략을 따르며 각 노드의 은닉 상태는 이웃 노드들로부터 계산한다.

벨리코비크 외[2018]는 그래프 어텐션 층[graph attentional layer]을 정의하고 이 층을 쌓아서 그래프 어텐션 네트워크를 만든다. 입력 노드 특성을 $\mathbf{h} = \{\mathbf{h}_1, \mathbf{h}_2, \cdots, \mathbf{h}_N\}$, $\mathbf{h}_i \in \mathbb{R}^F$라고 하자. 여기서 N은 그래프의 총 노드 수이고, F는 $\mathbf{h}_i$의 차원이다. 그래프 어텐션 층은 모든 에지 ij에 대해 어텐션 계수 α_{ij}를 다음과 같이 계산한다.

$$\alpha_{ij} = \frac{\exp\left(\text{LeakyReLU}\left(\mathbf{a}^T[\mathbf{W}\mathbf{h}_i \,\|\, \mathbf{W}\mathbf{h}_j]\right)\right)}{\sum_{k \in N_i} \exp\left(\text{LeakyReLU}\left(\mathbf{a}^T[\mathbf{W}\mathbf{h}_i \,\|\, \mathbf{W}\mathbf{h}_k]\right)\right)} \tag{7.1}$$

여기서 N_i는 노드 i의 이웃 집합, $\mathbf{W} \in \mathbb{R}^{F' \times F}$와 $\mathbf{a} \in \mathbb{R}^{2F'}$는 모든 노드에 공통으로 적용되는 가중치 행렬[weight matrix]과 가중치 벡터[weight vector]다. 식 (7.1)에서 알 수 있듯이 어텐션 계수를 계산하기 위해 비선형 함수 LeaklyReLU($\alpha = 0.2$)를 거치고 소프트맥스 함수로 정규화한다.

출력 노드 특성 $\mathbf{h}' = \{\mathbf{h}'_1, \mathbf{h}'_2, \cdots, \mathbf{h}'_N\}$은 비선형 함수 σ를 사용해 다음과 같이 계산하며 식에서 $\mathbf{h}'_i$의 차원은 F'임을 알 수 있다.

$$\mathbf{h}'_i = \sigma\left(\sum_{j \in N_i} \alpha_{ij} \mathbf{W}\mathbf{h}_j\right) \tag{7.2}$$

결괏값을 계산할 때 바스와니 외[Vaswani et al., 2017]가 사용한 멀티 헤드 어텐션[multi-head attention]을 적용해서 학습이 더욱 잘되도록 한다. α_{ij}와 $\mathbf{W}$를 계산하는 작업을 K번 독립적으로 반복해서 $\alpha^1_{ij}, \alpha^2_{ij}, \cdots, \alpha^k_{ij}$와 $\mathbf{W}^1, \mathbf{W}^2, \cdots, \mathbf{W}^K$를 얻은 후 다음과 같이 두 가지 방법을 통해 $\mathbf{h}'_i$을 계산할 수 있다.

$$\mathbf{h}'_i = \mathop{\Big\|}_{k=1}^{K} \sigma\left(\sum_{j \in N_i} \alpha^k_{ij} \mathbf{W}^k \mathbf{h}_j\right) \tag{7.3}$$

$$\mathbf{h}'_i = \sigma\left(\frac{1}{K} \sum_{k=1}^{K} \sum_{j \in N_i} \alpha^k_{ij} \mathbf{W}^k \mathbf{h}_j\right) \tag{7.4}$$

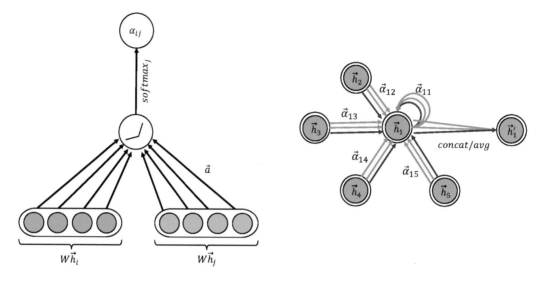

그림 7.1 GAT 모델 설명. 왼쪽 그림은 어텐션 메커니즘이 모델에 어떻게 적용되는지 설명하고 있고, 오른쪽 그림은 멀티 헤드 어텐션이 어떻게 적용되는지 설명하고 있다. 오른쪽 그림에서 노드에서 노드로 가는 화살표가 3개씩 있으므로 $K = 3$이다.

기호 ‖는 붙이는 연산으로 식 (7.3)은 특성을 붙이는 방법이고, 식 (7.4)는 평균을 낸 후 비선형 함수를 통과시키는 방법이다. 그림 7.1의 왼쪽은 식 (7.1)을, 오른쪽은 식 (7.2)를 묘사하고 있다.

벨리코비크 외[2018]가 제안한 어텐션 구조는 (1) 노드-이웃 쌍의 계산을 병렬화할 수 있어서 효율적이고, (2) 노드에 연결된 선의 수가 달라도 가중치를 각각 계산할 수 있으며, (3) 귀납 학습 문제에도 쉽게 적용할 수 있다. 그 결과로 반지도 학습 노드 분류 문제와 링크 예측 등에서 GCN보다 뛰어난 성능을 보인다.

7.2 GaAN

게이트 어텐션 네트워크^{GaAN, Gated Attention Network}[Zhang et al., 2018b]도 GAT 처럼 멀티 헤드 어텐션 메커니즘을 쓴다. 차이점은 어텐션 애그리게이터에 있는데, GAT에서는 어텐션 계수를 계산할 때 완전연결 층을 썼지만 GaAN

은 키-값 어텐션 메커니즘과 내적을 쓴다.

GaAN은 더 나아가서 여러 개의 헤드에 다른 가중치를 주는 게이트 어텐션 애그리게이터를 적용한다. 중심 노드와 그 이웃의 특성에 합성곱을 적용해 게이트값을 얻는다. 그 결과로 귀납 노드 분류 문제에서 다른 GNN은 물론 GAT보다도 좋은 성능을 낸다.[1]

---

1   게이트 애그리게이터뿐만 아니라 풀링 애그리게이터와 짝끼리 합치는 애그리게이터도 제안하는데, 게이트 애그리게이터의 성능이 가장 좋다. − 옮긴이

CHAPTER
8

그래프 잔차 네트워크

쌓는 층이 늘어날수록 더 멀리 있는 이웃의 정보까지 취합할 수 있기 때문에 그래프 신경망을 더 많이 쌓는다. 하지만 많은 실험에서 관찰됐듯이 더 깊은 모델이 항상 성능이 향상되는 것은 아니며 경우에 따라서는 성능이 나빠질 수도 있다[Kipf and Welling, 2017]. 그 이유는 이웃 노드의 수가 기하급수적으로 증가하게 되고 그에 따라 노이즈 정보를 전파할 수도 있기 때문이다.

컴퓨터 비전에서 사용되는 잔차 네트워크[residual network][He et al., 2016a]가 이 문제를 해결할 수 있다. 하지만 잔차 연결을 적용해도 많은 데이터셋에서 여러 층을 쌓은 GCN이 두 층을 쌓은 GCN보다 성능이 좋지 않다[Kipf and Welling, 2017]. 8장에서는 이를 해결하기 위해 스킵 커넥션[skip connection]을 사용하는 그래프 잔차 네트워크를 소개할 것이다.

8.1 하이웨이 GCN

라히미 외[Rahimi et al., 2018]는 하이웨이 네트워크^{highway network}[Zilly et al., 2016]에서 아이디어를 가져와 층별로 게이트를 사용하는 하이웨이 GCN을 제안했다. 다음 식과 같이 각 층에서 입력값에 게이트 가중치를 곱하고 결괏값을 더한다(⊙는 하다마드 곱 연산이다).

$$
\begin{aligned}
\mathbf{T}(\mathbf{h}^t) &= \sigma\left(\mathbf{W}^t\mathbf{h}^t + \mathbf{b}^t\right) \\
\mathbf{h}^{t+1} &= \mathbf{h}^{t+1} \odot \mathbf{T}\left(\mathbf{h}^t\right) + \mathbf{h}^t \odot \left(1 - \mathbf{T}\left(\mathbf{h}^t\right)\right)
\end{aligned}
\tag{8.1}
$$

하이웨이 게이트를 더하는 목적은 네트워크가 새로운 은닉 상태와 오래된 은닉 상태 중에서 고를 수 있도록 하는 것이다. 따라서 초반의 은닉 상태도 필요하다면 마지막 상태에 전파될 수 있다. 특정 문제에서 하이웨이 게이트를 더하면 층을 4개 쌓았을 때 성능이 최고치를 달성하고 더 많은 층은 무의미하다는 것을 보였다[Rahimi et al., 2018].

팜 외[Pham et al., 2017]는 하이웨이 네트워크를 사용한 컬럼 네트워크^{CLN, column network}를 제안했다. 게이트 가중치를 계산할 때 다른 함수를 썼는데 특정 업무에 의존했다.

8.2 지식 점프 네트워크

수 외[Xu et al., 2018]는 이웃 취합의 성질과 한계를 연구했다. 더 좋은 표현 학습을 위해 다른 노드에는 다른 수용 영역이 필요함을 보였다. 예를 들어, 그래프의 핵심 노드는 이웃의 수가 기하급수적으로 증가하고 따라서 더 많은 노이즈와 결합될 수 있으며 이로 인해 표현이 무뎌질 수 있다. 핵심 노드와 멀리 떨어진 노드는 우리가 수용 영역을 늘리더라도 상대적으로 이웃이 적다. 따라서 이런 노드는 좋은 표현을 학습하기 위한 정보가 부족하다.

수 외[2018]는 적응형 구조 인식^{structure-aware} 표현을 배울 수 있는 지식 점프 네트워크^{jump knowledge network}를 제안했다. 지식 점프 네트워크는 중간 표현에서 마지막 층의 각 노드로 점프하는 연결을 만들어서 각 노드의 필요에 따라

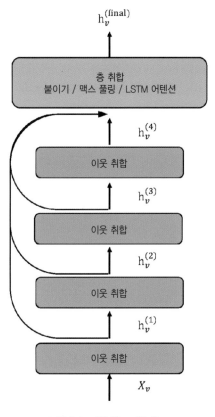

$$h_v^{(final)}$$

층 취합
붙이기 / 맥스 풀링 / LSTM 어텐션

$$h_v^{(4)}$$

이웃 취합

$$h_v^{(3)}$$

이웃 취합

$$h_v^{(2)}$$

이웃 취합

$$h_v^{(1)}$$

이웃 취합

$$X_v$$

그림 8.1 지식 점프 네트워크

효과적인 이웃 크기를 선택할 수 있다. 수 외[2018]는 정보를 합칠 때 **붙이기**concatenation, **맥스 풀링**max-pooling, **LSTM 어텐션**LSTM-attention을 사용해 실험을 했다. 그림 8.1에서 지식 점프 네트워크의 그림을 볼 수 있다.

지식 점프 네트워크의 아이디어는 직관적이고 소셜, 생물 정보학, 인용 네트워크에서 좋은 성능을 보였다. GCN, GraphSAGE, GAT 등과 결합해 각각의 성능을 향상할 수도 있다.

8.3 DeepGCNs

리 외[Li et al., 2019]는 CNN에서 영감을 받아 스킵 커넥션을 그래프 신경망에 적용했다. 그래프 신경망에 층을 쌓을 때 큰 문제 두 가지는 배니싱 그레이디언트$^{vanishing\ gradient}$와 오버 스무딩$^{over\ smoothing}$이다. 리 외[2019]는 ResNet[He et al., 2016b]에서 사용한 잔차 연결과 DenseNet[Huang et al. 2017]에서 사용한 조밀 연결을 사용해 배니싱 그레이디언트 문제를 해결했고, 확장 합성곱$^{dilated\ convolution}$[Yu and Koltun, 2015]을 사용해 오버 스무딩 문제를 해결했다.

리 외[2019]는 기본 GCN을 PlainGCN이라고 부르고 위에서 제시한 신경망을 각각 ResGCN, DenseGCN이라고 불렀다. PlainGCN은 은닉 상태를 다음과 같이 계산한다.

$$\mathbf{H}^{t+1} = \mathcal{F}\left(\mathbf{H}^t, \mathbf{W}^t\right) \tag{8.2}$$

여기서 $\mathcal{F}$는 일반적인 그래프 합성곱 연산이고, $\mathbf{W}^t$는 t층의 파라미터다.

ResGCN의 계산은 다음과 같다. 은닉 상태 $\mathbf{H}^t$의 행렬을 그래프 합성곱 후에 바로 더한다.

$$\begin{aligned} \mathbf{H}^{t+1}_{Res} &= \mathbf{H}^{t+1} + \mathbf{H}^t \\ &= \mathcal{F}(\mathbf{H}^t, \mathbf{W}^t) + \mathbf{H}^t \end{aligned} \tag{8.3}$$

DenseGCN의 계산은 다음과 같다.

$$\begin{aligned} \mathbf{H}^{t+1}_{Dense} &= \mathcal{T}\left(\mathbf{H}^{t+1}, \mathbf{H}^t, \dots, \mathbf{H}^0\right) \\ &= \mathcal{T}\left(\mathcal{F}\left(\mathbf{H}^t, \mathbf{W}^t\right), \mathcal{F}\left(\mathbf{H}^{t-1}, \mathbf{W}^{t-1}\right), \dots, \mathbf{H}^0\right) \end{aligned} \tag{8.4}$$

여기서 $\mathcal{T}$는 노드끼리 붙이는 함수다. 따라서 은닉 상태의 차원이 그래프 층만큼 증가한다. 그림 8.2에서 세 구조의 차이를 직관적으로 설명한다.

리 외[2019]는 오버 스무딩 문제를 해결하기 위해 확장 합성곱[Yu and Koltun, 2015]의 아이디어를 적용해 확장률이 d인 확장 k-NN을 사용한다. 각 노드에서 미리 정의된 메트릭을 사용해 가까운 이웃 $k * d$개를 계산한 후 매 d번째 노드를 고른다. 예를 들어, 노드 v의 가까운 이웃이 $(u_1, u_2, \cdots, u_{k*d})$라면, 확장 이웃은 $(u_1, u_{1+d}, u_{1+2d}, \cdots, u_{1+(k-1)d})$다. 확장 합성곱은 다른 맥락의 정보를 사용해 노드의 수용 영역을 확대했으며 그 효과는 증명됐다. 그림 8.3은 확장 합성곱을 보여준다.

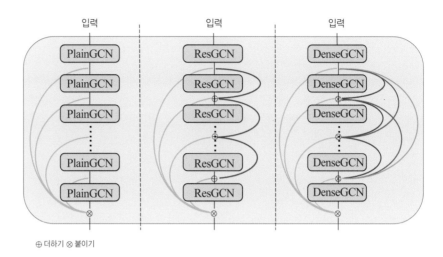

입력　　　　　입력　　　　　입력

⊕ 더하기 ⊗ 붙이기

그림 8.2 리 외[2019]가 제안한 DeepGCN(PlainGCN, ResGCN, DenseGCN)

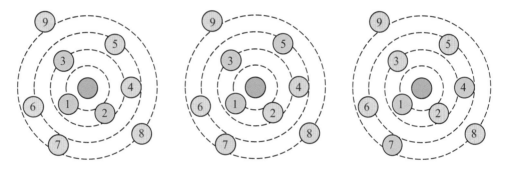

그림 8.3 확장 합성곱의 예. 왼쪽부터 확장률 d가 1, 2, 3이다.

확장 k-NN은 ResGCN과 DenseGCN 모델에 더해졌다. 리 외[2019]는 포인트 클라우드 의미 추출 업무에 56층의 GCN을 사용해 뛰어난 결과를 얻었다.

다양한 그래프 종류

처음에 제안된 GNN[Scarselli et al., 2009]은 가장 간단한 그래프 형식인 레이블 정보를 가진 노드와 방향이 없는 에지로 이뤄진 그래프에서 작동한다. 하지만 세상에는 다양한 그래프가 있고 그래프의 종류에 따라 다른 구조의 GNN 모델링이 필요하다. 9장에서는 특별한 그래프 종류에서 고안된 그래프 신경망을 다룰 것이다.

9.1 유향 그래프

처음으로 소개한 변형은 유향 그래프다. 무향 그래프에서 방향이 없는 선을 유향 그래프에서 두 노드 사이에 양방향으로 방향이 있는 선들로 여길 수 있다. 따라서 무향 그래프는 유향 그래프의 특수한 경우라고 말할 수 있고, 이는 유향 그래프가 더 많은 정보를 표현할 수 있음을 의미한다. 예를 들어, 지식 그래프의 선이 노드 v에서 노드 w로 간다면 v가 w의 부모 클래스라고 생각할 수 있고 부모 클래스와 자식 클래스에 적용하는 정보 전파 과정을 다르게 할 수 있다. DGP^{Dense Graph Propagation}[Kampffmeyer et al., 2019]는 정보를 더 정교하게 다루기 위해 두 종류의 가중치 행렬 $\mathbf{W}_a$, $\mathbf{W}_d$를 사용했다. 각각의 타깃 노드는 모든 자손과 모든 조상에게 다음 식의 규칙을 통해 지식 정보를 받는다.

$$H = \sigma \left(D_a^{-1} A_a \sigma \left(D_d^{-1} A_d X \, \mathbf{W}_d \right) \mathbf{W}_a \right) \tag{9.1}$$

여기서 $D_a^{-1} A_a$, $D_d^{-1} A_d$는 각각 부모와 자식의 정규화된 인접행렬이다. 조밀한 그래프에서 다양한 이웃 노드가 거리에 따라서 다른 영향을 줄 수 있기 때문에 DGP는 이웃별로 가중치를 주는 구조를 제안했다. $w^a = \{w_i^a\}_{i=0}^K$와 $w^d = \{w_i^d\}_{i=0}^K$를 조상과 자손의 가중치라고 하면, 가중치를 적용한 전파 규칙은 다음과 같다.

$$H = \sigma \left(\sum_{k=0}^{K} w_k^a D_k^{a-1} A_k^a \sigma \left(\sum_{k=0}^{K} w_k^d D_k^{d-1} A_k^d X \, \mathbf{W}_d \right) \mathbf{W}_a \right) \tag{9.2}$$

여기서 A_k^a는 거리가 k인 조상 노드만 나타내는 인접행렬이고, A_k^d는 거리가 k인 자손 노드만 나타내는 인접행렬이다. D_k^a, D_k^d는 각각 A_k^a, A_k^d에 대응되는 차수행렬이다.

9.2 이종 그래프

두 번째는 여러 타입의 노드를 갖고 있는 이종 그래프다.

정의 9.1 **이종 그래프**^{heterogeneous graph}는 유향 그래프 $\mathcal{G} = \{\mathcal{V}, \mathcal{E}\}$와 노드 타입 매핑 $\phi : \mathcal{V} \to A$, 관계 타입 매핑 $\psi : \mathcal{E} \to R$로 나타낼 수 있다. $\mathcal{V}$는 노드 집합, $\mathcal{E}$는 에지 집합이고, A는 노드 타입 집합, R은 에지 타입 집합이며 $|A| > 1$ 또는 $|R| > 1$을 만족한다.

이종 그래프를 다루는 가장 간단한 방법은 노드의 타입을 원핫^{one-hot} 벡터로 바꾼 후 기존 특징에 붙이는 것이다. GraphInception[Zhang et al., 2018e]은 이종 그래프에서의 전파를 설명하기 위해 메타경로 개념을 도입했다.

정의 9.2   이종 그래프 $\mathcal{G} = \{\mathcal{V}, \mathcal{E}\}$의 **메타경로**^{metapath} $\mathcal{P}$는 $A_1 \xrightarrow{R_1} A_2 \xrightarrow{R_2} A_3$ $\cdots \xrightarrow{R_L} A_{L+1}$로 표현할 수 있는 경로다. P의 길이는 $L + 1$이다.

메타경로를 사용해서 이웃들을 노드 종류와 거리로 그룹 지을 수 있다. 이 방법으로 이종 그래프를 단종 그래프의 집합으로 변환할 수 있고 이를 멀티 채널 네트워크^{multi-channel network}라고 한다. 메타경로 집합 $\mathcal{S} = \{\mathcal{P}_1, \cdots, \mathcal{P}_{|\mathcal{S}|}\}$ 가 주어졌을 때, 변환된 멀티 채널 네트워크 G'은 다음과 같다.

$$G' = \left\{ G'_\ell \,\middle|\, G'_\ell = (\mathcal{V}_1, \mathcal{E}_{1\ell}), \ell = 1, \cdots, |\mathcal{S}| \right\} \tag{9.3}$$

여기서 $\mathcal{V}_1, \cdots, \mathcal{V}_m$은 m개의 노드 타입을 갖는 노드 집합들이고, $\mathcal{V}_1$은 타깃 노드 집합, $\mathcal{E}_{1\ell}$은 $\mathcal{P}_\ell$에 있는 메타경로 인스턴스를 의미한다. GraphInception 은 각 이웃 그룹을 단종 그래프의 부분 그래프로 취급해 전파를 하고 다른 단종 그래프로부터 전파의 결과를 모아서 노드를 표현한다. 라플라시안 행 렬 **L** 대신 GraphInception은 전이확률행렬^{transition probability matrix} **P**를 푸리에 기저로 사용한다.

최근 왕 외[Wang et al., 2019b]는 노드 레벨과 의미 레벨의 어텐션을 이 용하는 이종 그래프 어텐션 네트워크^{HAN, Heterogeneous graph Attention Network}를 제안 했다. 먼저 각 메타경로에 대해 노드 레벨 어텐션 애그리게이션을 통해 노 드 임베딩을 학습한다. 그리고 메타경로 임베딩을 사용해 노드 임베딩을 더 잘 표현하는 의미 레벨의 어텐션을 보여준다. 이 결과로 모델은 노드의 중요성과 메타경로의 중요성을 동시에 고려할 수 있게 된다.

펭 외[Peng et al., 2019]는 소셜 네트워크에서 이벤트를 검출하는 PP-GCN^{Pairwise Popularity Graph Convolutional Network}을 제안했다. 모델은 먼저 이벤트 그 래프의 다양한 메타경로에 있는 이벤트들 사이의 가중치 평균을 계산한다. 그 후 가중치 인접행렬을 만들고 소셜 이벤트를 표시한 후 GCN[Kipf and Welling, 2017]을 수행해 이벤트 임베딩을 얻는다.

학습 비용을 줄이기 위해, ActiveHNE[Chen et al., 2019]는 **액티브 러닝** ^{active learning}을 이종 그래프에 적용한다. 불확실성과 대표성을 기반으로 ActiveHNE는 학습할 레이블을 고를 때 학습 데이터에서 가장 가치 있는 노드를 고른다. 이 방법은 쿼리 비용을 크게 절약했고 실세계 데이터에서 가장 좋은 성능을 보였다.

9.3 에지 정보가 있는 그래프

그래프의 또 다른 변형은 에지에 가중치가 있거나 에지의 종류가 여러 가시인 경우나. 이런 그래프를 나투는 방법은 그게 두 가지가 있다. 첫째로, 에지를 노드로 바꾼 이분 그래프^{bipartite graph}를 만드는 것이다. 원래 있던 에지는 노드가 되고 원래 그래프에서 인접한 에지와 노드는 새로운 그래프에서도 인접하게 해준다. 이런 변형을 레비 그래프 변형^{Levi graph transformation}[Gross and Yellen, 2004, Levi, 1942]이라고 한다. 다시 수식으로 정리하면 그래프 $\mathcal{G} = \{\mathcal{V}, \mathcal{E}, L_\mathcal{V}, L_\mathcal{E}\}$가 주어졌을 때($L_\mathcal{V}$와 $L_\mathcal{E}$는 노드와 에지의 레이블이다) 레비 그래프는 $\mathcal{G}' = \{\mathcal{V}', \mathcal{E}', L_{\mathcal{V}'}, L_{\mathcal{E}'}\}$으로 나타낼 수 있다. 여기서 $\mathcal{V}' = \mathcal{V} \cup \mathcal{E}, L_{\mathcal{V}'} = L_\mathcal{V} \cup L_\mathcal{E}, L_{\mathcal{E}'} = \emptyset, \mathcal{E}' = \{(v, e) \mid v \in \mathcal{V}, e \in \mathcal{E}, v \in e\}$이다. G2S[Beck et al., 2018]의 저자들은 AMR 그래프를 레비 그래프로 바꾼 후 게이트 그래프 신경망을 적용했다. G2S의 인코더는 다음과 같은

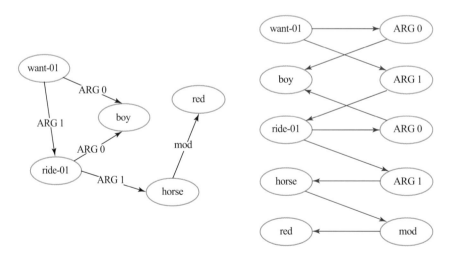

그림 9.1 AMR 그래프와 그에 대응하는 레비 그래프 예시. 좌: 'The boy wants to ride the red horse'의 AMR 그래프. 우: 왼쪽 AMR 그래프의 레비 변형

애그리게이션 함수를 썼다.

$$\mathbf{h}_v^t = \sigma \left(\frac{1}{|N_v|} \sum_{u \in N_v} \mathbf{W}_r \left(\mathbf{r}_v^t \odot \mathbf{h}_u^{t-1} \right) + \mathbf{b}_r \right) \tag{9.4}$$

여기서 $\mathbf{r}_v^t$는 GRU에서 층 t, 노드 v의 리셋 게이트^{reset gate}이고, $\mathbf{W}_r$과 $\mathbf{b}_r$은 각각의 에지 타입에 대한 전파 파라미터이고, σ는 비선형 활성화 함수, $\odot$는 하다마드 곱 연산이다.

둘째로, 전파 단계에서 다른 종류의 에지에 다른 가중치 행렬을 적용할 수 있다. 관계의 종류가 아주 많을 때 R-GCN[schlichtkrull et al., 2018]은 두 종류의 정규화를 통해 모델의 파라미터를 줄인다. 기저 대각선 분해^{basis-diagonal-decomposition}와 블록 대각선 분해^{block-diagonal-decomposition}다. 기저 분해에서 $\mathbf{W}_r$은 다음과 같다.

$$\mathbf{W}_r = \sum_{b=1}^{B} a_{rb} \mathbf{V}_b \tag{9.5}$$

각각의 $\mathbf{W}_r$은 기저 변환의 선형 결합이고, $\mathbf{V}_b \in \mathbb{R}^{d_{in} \times d_{out}}$의 계수가 a_{rb}인 가중치 공유 전략으로 생각할 수도 있다. 블록 대각선 분해에서 R-GCN은 각 $\mathbf{W}_r$을 저차원 행렬들의 다이렉트 합^{direct sum}으로 정의한다.

$$\mathbf{W}_r = \bigoplus_{b=1}^{B} \mathbf{Q}_{br} \tag{9.6}$$

그렇게 함으로써 $\mathbf{W}_r = diag(\mathbf{Q}_{1r}, \ldots, \mathbf{Q}_{Br})$은 $\mathbf{Q}_{br} \in \mathbb{R}^{(d^{(l+1)}/B) \times (d^{(l)}/B)}$로 이뤄진다. 블록 대각선 분해는 가중치 행렬의 희소성을 제한하고 잠재 벡터를 작은 부분으로 나눌 수 있다는 가설을 인코딩한다.

9.4 동적 그래프

공간 시간 예측은 교통 예측, 인간 행동 인식 및 기후 예측에 광범위하게 적용되는 중요한 작업이다. 일부 예측 작업은 정적 그래프 구조와 동적 입

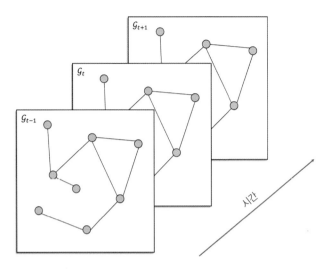

그림 9.2 공간 시간 그래프의 예. 각 G_t는 t 시점에서의 현재 그래프 상태를 의미한다.

력 신호를 가진 동적 그래프에서 예측 작업으로 모델링할 수 있다. 그림 9.2
와 같이 과거 그래프 상태가 주어졌을 때 미래 그래프 상태를 예측하는 것
이 목표다.

공간 정보와 시간 정보를 모두 표현하기 위해 DCRNN[Li et al., 2018d]
과 STGCN[Yu et al., 2018a]은 독립 모듈을 사용해 공간 정보와 시간 정보
를 수집한다. DCRNN은 공간 그래프 흐름을 그래프에서 확산 프로세스로
모델링한다. 확산 합성곱 층은 공간 정보를 전파하고 노드의 은닉 상태를
업데이트한다. 시간 의존성을 위해 DCRNN은 행렬 곱이 확산 합성곱으로
대체되는 RNN을 활용한다. 전체 모델은 여러 종류의 미래를 예측하기 위
해 시퀀스 간 구조로 만들어진다. STGCN[Yu et al., 2018a]은 다중 시공간
합성곱 블록으로 이뤄져 있다. 시공간 합성곱 블록에서는 시간 게이트 합
성곱 층 2개 사이에 공간 그래프 합성곱 층이 하나 있다. 블록 내부에서 잔
차 연결과 병목 해결 전략이 적용된다.

반면에, Structural-RNN[Jain et al., 2016]과 ST-GCN[Yan et al., 2018]
은 공간 메시지와 시간 메시지를 동시에 모은다. 이들은 시간 연결을 통해
정적 그래프 구조를 확장해 확장된 그래프에 기존 GNN 기법을 적용할 수
있다. Structural-RNN은 t 시점의 노드와 $t + 1$ 시점의 노드 사이를 연결해

시공간 그래프를 표현한다. 그다음 모델은 nodeRNN을 사용해서 노드를, edgeRNN을 사용해서 에지를 학습한다. edgeRNN과 nodeRNN은 각 노드에 대해 이분 그래프와 전진 패스forward-pass를 형성한다.

ST-GCN[Yan et al., 2018]은 모든 시점에서의 그래프를 쌓아서 시공간 그래프를 만든다. 모델은 그래프를 분할하고 각 노드에 가중치 벡터를 할당한 후 가중치 시공간 그래프에서 그래프 합성곱을 직접 수행한다.

Graph WaveNet[Wu et al., 2019d]은 정적 그래프의 인접행렬이 공간 의존성을 반영하지 못하는 좀 더 어려운 설정을 고려한다. 즉, 일부 의존성은 누락되고 일부는 사실이 아닌데 노드의 거리가 인과 관계를 의미하지 않기 때문에 이는 언제 어디서든 나타날 수 있는 현상이다. 그들은 프레임워크에서 학습된 자기 적응형 인접행렬을 제안하고 문제를 해결하기 위해 GCN과 TCNTemporal Convolution Network을 함께 사용한다.

9.5 다차원 그래프

지금까지 이분 에지를 고려했다. 하지만 실제 환경에서 그래프의 노드는 여러 가지 관계로 연결되어 '다차원 그래프multi-dimensional graph'(멀티뷰 그래프, 멀티 그래프)로 표현된다. 예를 들어 유튜브에서 사용자들 사이의 상호작용 유형은 '구독', '공유', '코멘트' 등이 될 수 있다[Ma et al., 2019]. 관계 유형은 서로 독립적이지 않기 때문에 1차원 그래프를 모델링하는 것만으로는 최적해를 찾을 수 없다.

다차원 그래프에 대한 초기 연구는 주로 커뮤니티 탐색과 클러스터링에 집중됐다. 벨린게리오 외[Berlingerio et al., 2011]는 다차원 커뮤니티의 해설을 제시하고 다차원 그래프에서 밀도density의 정의를 명확하게 하기 위해 두 가지 척도를 제공한다. 파팔렉사키스 외[Papalexakis et al., 2013]는 모든 차원에 걸쳐 클러스터를 찾기 위한 구체적인 알고리듬을 제공한다.

최근에는 다차원 그래프에 적합한 GCN이 설계됐다. 마 외[Ma et al., 2019]는 각기 다른 차원의 노드에 대해 별도의 임베딩을 제공함으로써 문제를 처리했으며 이 임베딩들은 일반적인 표현에서 투영된 것으로 볼 수

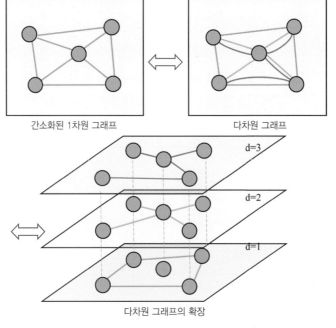

간소화된 1차원 그래프   다차원 그래프

다차원 그래프의 확장

그림 9.3 다차원 그래프의 단순 그래프와 확장 예시

있다. 동일한 차원에 있는 다른 노드 간의 상호작용과 단일 노드의 다른 차원 간의 상호작용을 고려해 그래프 신경망의 애그리게이션 메커니즘을 만들었다. 칸과 블루멘스톡[Khan and Blumenstock, 2019]은 두 단계에 걸쳐 다차원 그래프를 1차원 그래프로 줄인다. 먼저 부분 공간 분석으로 여러 관점을 합치고 매니폴드 러닝$^{manifold\ learning}$을 통해 그래프를 다듬는다. 이렇게 얻은 1차원 그래프는 일반적인 GCN으로 학습한다. 선 외[Sun et al., 2018]는 주로 네트워크의 노드 임베딩 연구에 중점을 두고 노드 임베딩 알고리듬(SVNE)을 다차원으로 확장한다.

10

고급 학습 방법

기존 그래프 신경망은 학습과 최적화 면에서 단점이 있다. 10장에서는 이를 해결하기 위한 몇 가지 변형을 소개한다. 먼저 효율성과 확장성을 위해 샘플링과 수용 영역 제어 방법을 소개한다. 그런 다음 그래프 풀링 방법을 소개한다. 마지막으로, 데이터 증강 방법과 비지도 학습을 소개한다.

10.1 샘플링

기존 그래프 신경망은 학습과 최적화 면에서 몇 가지 단점이 있다. 예를 들어, GCN은 전체 그래프 라플라시안이 필요한데 그래프가 크면 계산에 많은 비용이 든다. 또한 주어진 그래프에서 독립적으로 학습되기 때문에 새로운 데이터를 처리하는 능력이 부족하다.

GraphSAGE[Hamiltion et al., 2017]는 기존 GCN을 종합적으로 개선했다. 위에서 언급한 문제를 해결하기 위해 GraphSAGE는 전체 그래프의 라플라시안을 학습 가능한 취합 함수로 대체했다. 이는 메시지 전달과 처음 보는 노드로 확장하는 데 핵심 역할을 한다. 식 (5.20)에도 나와 있듯이 먼저 이웃의 임베딩을 모으고 타깃 노드의 임베딩과 붙여서 다음 층으로 전파한다. 학습된 취합 함수와 전파 함수를 통해 처음 본 노드의 임베딩도 계산할 수 있다. 또한 GraphSAGE는 수용 영역 확장을 조절하기 위해 이웃을 샘플링한다.

GCN[Kipf and Welling, 2017]과 비교했을 때 GraphSAGE는 전체 그래프 라플라시안 대신 노드 배치를 통해 학습하는 방법을 제안한다. 이렇게 하면 시간이 더 걸릴 수 있지만 큰 그래프를 다룰 수 있다.

PinSage[Ying et al., 2018a]는 큰 그래프에서 동작하는 GraphSAGE의 확장이다. 단순히 랜덤 샘플링을 적용하는 것은 차선책이다. PinSage는 중요도 기반 샘플링 방법을 사용한다. 노드 u에 많은 영향을 주는 이웃 T개를 모아서 중요 이웃이라고 정의한다. 타깃 노드에서 출발하는 랜덤 워크를 여러 개 계산하고 랜덤 워크가 방문한 노드 횟수에 L_1 정규화를 한 후 가장

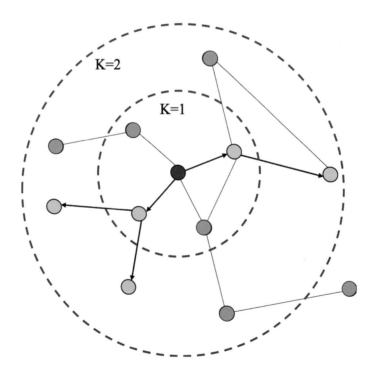

그림 10.1 예시 그래프에서 샘플링된 이웃을 나타내는 그림. K는 홉을 의미한다.

큰 값을 갖는 노드 T개를 얻는다.

각 노드에 대해 독립적으로 수행하는 노드 단위 샘플링 방법과는 다르게 층 단위 샘플링은 한 번만 수행하면 된다. FastGCN[Chen et al., 2018a]은 확률 측정 시 임베딩 함수의 인테그랄 변환$^{integral\ transform}$을 그래프 합성곱으로 해석해 샘플링 알고리듬을 개선한다. 각 이웃을 샘플링하는 대신 FastGCN은 각 층의 수용 영역을 직접 샘플링한다. 또한 다음과 같이 중요 인수를 계산해서 샘플링에 사용한다.

$$q(v) \propto \frac{1}{|N_v|} \sum_{u \in N_v} \frac{1}{|N_u|} \tag{10.1}$$

여기서 N_v는 노드 v의 이웃이다. 샘플링 분포는 각 층에서 같다.

위의 고정된 샘플링 방법과 반대로 후앙 외[Huang et al., 2018]는 층별로 샘플링을 하기 위해 파라미터화된 학습 가능한 샘플러를 도입한다. 각 노드의 자체 종속 함수 $g(x(u_j))$를 학습해 노드 특징을 기반으로 하여 샘플링의 중요성을 결정하려고 한다. 샘플링 분포는 다음과 같이 정의된다.

$$q^*\left(u_j\right) = \frac{\sum_{i=1}^{n} p\left(u_j | v_i\right) \left|g\left(x\left(u_j\right)\right)\right|}{\sum_{j=1}^{N} \sum_{i=1}^{n} p\left(u_j | v_i\right) \left|g\left(x\left(v_j\right)\right)\right|} \tag{10.2}$$

이 샘플러는 최적의 샘플링 중요성을 찾고 동시에 분산을 줄일 수 있다.

많은 그래프 분석 문제들이 반복적으로 해결되어 이제는 안정된 상태에 도달했다. 강화학습 아이디어를 사용해, 예제로부터 자동으로 일정한 안정된 상태를 얻기 위해 SSE[Dai et al., 2018]는 확률적 고정점 경사 하강법$^{Stochastic\ Fixed-Point\ Gradient\ Descent}$을 GNN 훈련에 도입했다. 이 방법은 값 함수를 임베딩 업데이트로, 정책 함수를 파라미터 업데이트로 봤다. 학습에서 알고리듬은 임베딩을 업데이트하기 위해 노드를 샘플링하고 파라미터를 번갈아 가며 업데이트하기 위해 레이블링된 노드를 샘플링한다.

첸 외[Chen et al., 2018b]는 노드의 과거 활성화를 제어 변수로 활용해 GCN에 대한 제어 변수 기반 확률적 근사 알고리듬을 제안한다. 이 방법은 실제 활성화 $h_v^{(l)}$을 근사하기 위해 과거 평균 활성화를 사용한다. 이 접근 방식의 장점은 과거 은닉 상태를 합리적 근사치로 사용해 거리가 1인 이웃의

수용 영역을 제한하고 더 나아가 근사치의 분산이 0이 된다는 것을 보였다
는 것이다.

10.2 계층적 풀링

컴퓨터 비전 영역에서 합성곱 층은 주로 더 일반적인 특징을 얻기 위해 풀
링 층 뒤에 나온다. 이런 풀링 층처럼 많은 연구가 그래프에서 풀링 층을
어떻게 구성할지에 초점이 맞춰져 있다. 복잡하고 큰 그래프는 주로 노드
레벨과 그래프 레벨에서 분류 작업을 하는 데 중요한 깊은 계층 구조를 갖
고 있다.

이런 내부 특징을 파악하기 위해 ECC[Edge-Conditioned Convolution][Simonovsky
and Komodakis, 2017]는 재귀적 다운샘플링[downsampling]을 통해 풀링 모듈을
만들다. 다운샘플링 방법은 라플라시안에서 가장 큰 고유 벡터의 부호로
그래프를 2개로 나누는 것을 기반으로 한다.

DIFFPOOL[Ying et al., 2018b]은 각 층에서 할당 행렬을 훈련하는 학습
가능한 계층 클러스터링 모듈을 제안한다.

$$\mathbf{S}^t = \text{softmax}\left(\text{GNN}_{pool}^l\left(\mathbf{A}^t, \mathbf{X}^t\right)\right) \tag{10.3}$$

여기서 $\mathbf{X}^t$는 노드 특징 행렬이고, $\mathbf{A}^t$는 t층의 엉성하게 한[coarsened] 인접행렬
이다.

10.3 데이터 증강

GCN은 검증을 위해 추가 레이블링된 많은 데이터를 필요로 하고 합성곱
필터의 지역 특성 때문에 어려움이 있다. 리 외[Li et al., 2018a]는 이런 한
계를 극복하기 위해 학습 데이터를 확대하는 공동 훈련 GCN[Co-Training GCN]과
자체 훈련 GCN[Self-Training GCN]을 제안한다. 전자는 학습 데이터에서 가장 가
까운 이웃을 찾는 반면, 후자는 부스팅류의 방법을 쓴다.

10.4 비지도 학습

GNN은 일반적으로 지도 학습이나 반지도 학습에 사용됐지만 최근엔 오토 인코더$^{\text{AE, auto-encoder}}$를 그래프에 적용하는 방법이 등장하고 있다. 그래프 오토 인코더는 비지도 학습 방식으로 노드를 저차원 벡터로 표현한다.

그래프 오토 인코더$^{\text{GAE, Graph Auto-Encoder}}$[Kipf and Welling, 2016]는 먼저 GCN을 사용해 그래프의 노드를 인코딩한다. 그런 다음 간단한 디코더를 사용해 인접행렬을 재구성하고 기존 인접행렬과 재구성된 인접행렬 사이의 손실을 계산한다. σ는 비선형 활성화 함수다.

$$\mathbf{Z} = \text{GCN}(\mathbf{X}, \mathbf{A})$$
$$\widetilde{A} = \sigma\left(\mathbf{Z}\mathbf{Z}^T\right) \tag{10.4}$$

킵프와 웰링[Kipf and Welling, 2016]은 GAE 모델을 베리에이션 방법으로 학습했고 그 모델을 베리에이션 그래프 오토 인코더$^{\text{VGAE, Variational Graph Auto-Encoder}}$로 명명했다. 또한 베르그 외[van den Berg et al., 2017]는 GAE를 추천 시스템에 사용할 수 있도록 GC-MC$^{\text{Graph Convolutional Matrix Completion}}$ 모델을 제안했고 무비렌즈$^{\text{Movie-Lens}}$ 데이터에서 기존 모델의 성능을 뛰어넘었다.

ARGA$^{\text{Adversarially Regularized Graph Auto-encoder}}$[Pan et al., 2018]는 사전 분포를 따르는 GCN 기반 그래프 오토 인코더를 정규화하기 위해 GAN$^{\text{Generative Adversarial Network}}$을 사용했다.

DGI$^{\text{Deep Graph Infomax}}$[Veličković et al., 2019]는 표현 학습을 위해 지역, 글로벌 상호 정보를 최대화한다. 지역 정보는 그래프 합성곱 함수 $\mathcal{F}$ 다음에 나오는 각 노드의 은닉 상태에서 온다. 그래프의 글로벌 정보 $\vec{s}$는 판독 함수 $\mathcal{R}$로 계산된다. 모든 노드의 표현을 모은 후 평균을 취한다. 논문에서는 노드를 섞어서 음성 정보를 얻는다. 부패 함수 $\mathcal{C}$를 사용해 노드 특징을 $\mathbf{X}$에서 $\tilde{\mathbf{X}}$로 바꾼다. 그런 다음 양성 정보와 음성 정보를 구분하기 위해 판별기 $\mathcal{D}$를 사용한다. DGI의 구조는 그림 10.2에 있다.

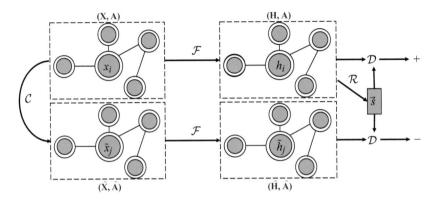

그림 10.2 DGI의 구조

NetRA[Yu et al., 2018b], DNGR[Cao et al., 2016], SDNE[Wang et al., 2016], DRNE[Tu et al., 2018] 등 여러 가지 그래프 오토 인코더가 있지만 GNN을 사용하진 않는다.

일반적인 프레임워크

그래프 신경망을 다양하게 변형하는 것과는 별도로 여러 모델을 한 가지 프레임워크로 통합하는 연구들도 많다. 길머 외[Gilmer et al., 2017]는 메시지 전달 신경망^{MPNN, Message Passing Neural Network}을 제안했고 이는 몇몇 그래프 신경망과 그래프 합성곱 신경망 방법을 통합하는 프레임워크다. 왕 외[Wang et al., 2018b]는 컴퓨터 비전 문제 해결에 사용되는 비지역 신경망^{NLNN, Non-Local Neural Network}을 제안했다. 이 방법은 몇 가지 '셀프 어텐션^{self-attention}'류 방법[Hoshen, 2017, Vaswani et al., 2017, Velickovic et al., 2018]을 일반화할 수 있다. 바타글리아 외[Battaglia et al., 2018]는 MPNN과 NLNN뿐만 아니라 상호작용 네트워크^{interaction network}[Battaglia et al., 2016, Watters et al., 2017], 신경 물리학 엔진[Chang et al., 2017], CommNet[Sukhbaatar et al., 2016], structure2vec[Dai et al, 2016, Khalil et al, 2017], GGNN[Li et al., 2016], 관계 네트워크^{relation network}[Raposo et al., 2017, Santoro et al., 2017], Deep Set[Zaheer et al., 2017], Point Net[Qi et al., 2017a]과 같은 여러 모델을 통합하는 그래프 네트워크^{GN, Graph Network}를 제안했다.

11.1 메시지 전달 신경망

길머 외[2017]는 그래프에서 지도 학습을 위한 일반적인 프레임워크인 메시지 전달 신경망[MPNN]을 제안했다. MPNN은 그래프 합성곱의 스펙트럼 접근[Bruna et al., 2014, Defferrard et al., 2016, Kipf and Welling, 2017] 과 비스펙트럼 접근[Duvenaud et al., 2015], 게이트 그래프 신경망[Li et al., 2016], 상호작용 네트워크[Battaglia et al., 2016], 분자 그래프 합성곱 [Kearnes et al., 2016], 딥 텐서 신경망[Schütt et al., 2017] 등 인기 있는 그래프 모델들의 공통된 부분을 고려해 통합 프레임워크를 제공한다.

모델은 두 단계로 나뉘는데, 메시지 전달 단계와 해독하는 단계다. 전파 단계라고도 불리는 메시지 전달 단계는 T번 반복하는 작업이며 메시지 함수 M_t와 노드 업데이트 함수 U_t를 포함한다. 메시지 $\mathbf{m}_v^t$를 사용해서 은닉 상태 $\mathbf{h}_v^t$를 업데이트하는 함수는 다음과 같다.

$$
\begin{aligned}
\mathbf{m}_v^{t+1} &= \sum_{w \in N_v} M_t\left(\mathbf{h}_v^t, \mathbf{h}_w^t, \mathbf{e}_{vw}\right) \\
\mathbf{h}_v^{t+1} &= U_t\left(\mathbf{h}_v^t, \mathbf{m}_v^{t+1}\right)
\end{aligned}
\tag{11.1}
$$

여기서 $\mathbf{e}_{vw}$는 노드 v와 w를 잇는 에지의 특징이다. 해독 단계는 해독 함수 R을 써서 전체 그래프의 표현을 계산한다.

$$
\hat{\mathbf{y}} = R\left(\{\mathbf{h}_v^T | v \in G\}\right)
\tag{11.2}
$$

여기서 T는 총 반복 수다. 메시지 함수 M_t, 노드 업데이트 함수 U_t, 해독 함수 R은 다르게 정의할 수 있다. 따라서 MPNN 프레임워크는 이 함수들을 다르게 정의함에 따라 다른 모델을 일반화할 수 있다. 예를 들어 GGNN을 보자. 다른 모델에 대한 함수들은 길머 외[2017]에서 볼 수 있다.

GGNN에 해당하는 함수는 다음과 같다.

$$
\begin{aligned}
M_t\left(\mathbf{h}_v^t, \mathbf{h}_w^t, \mathbf{e}_{vw}\right) &= \mathbf{A}_{\mathbf{e}_{vw}} \mathbf{h}_w^t \\
U_t &= GRU\left(\mathbf{h}_v^t, \mathbf{m}_v^{t+1}\right) \\
R &= \sum_{v \in V} \sigma\left(i\left(\mathbf{h}_v^T, \mathbf{h}_v^0\right)\right) \odot \left(j(\mathbf{h}_v^T)\right)
\end{aligned}
\tag{11.3}
$$

여기서 $\mathbf{A}_{\mathbf{e}_{vw}}$는 인접행렬이고, GRU는 초 외[Cho et al., 2014]에서 소개한 게이트 순환 유닛[Gated Recurrent Unit]이다. i와 j는 함수 R에 있는 신경망이다.

11.2 비지역 신경망

왕 외[Wang et al., 2018b]는 DNN^{Deep Neural Network}을 사용해 장거리 의존성을 포착하기 위한 비지역 신경망^{NLNN, Non-Local Neural Network}을 제안한다. 비지역 연산은 컴퓨터 비전에서의 비지역 평균 연산[Buades et al., 2005]의 일반화다. 이 연산은 특정 위치 주변의 모든 위치에서 특징의 가중치 합을 계산한다. 위치 집합은 시간 차원과 공간 차원에서 나올 수 있다. 비디오 분류 작업에 사용된 NLNN의 예는 그림 11.1에 있다.

NLNN은 다양한 셀프 어텐션류 방법[Hoshen, 2017, Vaswani et al., 2017, Velickovic et al., 2018]을 통합한 것으로 볼 수 있다. 먼저 비지역 연산에 대한 일반적인 정의와 몇 가지 특정 모델을 소개한다.

비지역 평균 연산[Buades et al., 2005]으로부터 일반적인 비지역 연산을 다음과 같이 정의한다.

$$\mathbf{h}'_i = \frac{1}{\mathcal{C}(\mathbf{h})} \sum_{\forall j} f\left(\mathbf{h}_i, \mathbf{h}_j\right) g\left(\mathbf{h}_j\right) \tag{11.4}$$

여기서 i는 타깃 위치이고, j는 계산해야 할 모든 위치다. $f(\mathbf{h}_i, \mathbf{h}_j)$는 i와 j 사이의 어텐션을 계산할 때 주로 쓰인다. $g(\mathbf{h}_j)$는 $\mathbf{h}_j$의 변환이고, $\frac{1}{\mathcal{C}(\mathbf{h})}$은 정규화하는 연산이다.

함수 f와 g를 다르게 정의함으로써 다양한 모델을 만들 수 있다. 왕 외[2018b]는 간단하게 선형 변환은 g로 사용했다. 즉, $\mathbf{W}_g$가 학습 가능한 가중치 행렬일 때 $g(\mathbf{h}_j) = \mathbf{W}_g \mathbf{h}_j$다. 다음으로 f를 어떻게 정의할 수 있는지 알아보자.

그림 11.1 비디오 분류를 위해 학습된 네트워크의 공간 및 시간 비지역 연산. x_i의 반응은 모든 위치 x_j의 가중치 합으로 계산된다. 그림에는 가장 많은 가중치만 표시되어 있다.

가우시안[Gaussian] 가우시안 함수는 비지역 평균[Buades et al., 2005]과 쌍방 필터[Tomasi and Manduchi, 1998]로 자연스럽게 결정된다.

$$f\left(\mathbf{h}_i, \mathbf{h}_j\right) = e^{\mathbf{h}_i^T \mathbf{h}_j} \tag{11.5}$$

여기서 $\mathbf{h}_i^T \mathbf{h}_j$는 두 벡터의 내적이고, $C(\mathbf{h}) = \sum_{\forall j} f(\mathbf{h}_i, \mathbf{h}_j)$다.

임베디드 가우시안[embedded Gaussian] 가우시안 함수의 확장이다. 내적할 때 다음과 같이 각 벡터를 변환 후 내적한다.

$$f\left(\mathbf{h}_i, \mathbf{h}_j\right) = e^{\theta(\mathbf{h}_i)^T \phi(\mathbf{h}_j)} \tag{11.6}$$

여기서 $\theta(\mathbf{h}_i) = \mathbf{W}_\theta \mathbf{h}_i$, $\phi(\mathbf{h}_j) = W_\phi \mathbf{h}_j$, $C(\mathbf{h}) = \sum_{\forall j} f(\mathbf{h}_i, \mathbf{h}_j)$다.

바스와니 외[Vaswani et al., 2017]가 제안한 셀프 어텐션 방법은 임베디드 가우시안 버전의 특별한 경우다. $\frac{1}{C(\mathbf{h})} f(\mathbf{h}_i, \mathbf{h}_j)$는 소프트맥스[softmax] 함수가 되고, 따라서 $\mathbf{h}' = \mathrm{softmax}(\mathbf{h}^T \mathbf{W}_\theta^T \mathbf{W}_\phi \mathbf{h})g(\mathbf{h})$인데 바스와니 외[2017]의 셀프 어텐션과 같다.

내적[dot product] f는 내적으로 얻을 수도 있다.

$$f\left(\mathbf{h}_i, \mathbf{h}_j\right) = \theta\left(\mathbf{h}_i\right)^T \phi\left(\mathbf{h}_j\right) \tag{11.7}$$

N을 위치의 개수라고 할 때, $C(\mathbf{h}) = N$이다.

붙이기[concatenation] $f(\mathbf{h}_i, \mathbf{h}_j)$를 다음과 같이 붙이는 방법도 있다.

$$f\left(\mathbf{h}_i, \mathbf{h}_j\right) = \mathrm{ReLU}\left(\mathbf{w}_f^T \left[\theta\left(\mathbf{h}_i\right) \| \phi\left(\mathbf{h}_j\right)\right]\right) \tag{11.8}$$

여기서 $\mathbf{w}_f$는 가중치 벡터이고, $C(\mathbf{h}) = N$이다.

왕 외[2018b]는 더 나아가서 위에서 언급한 비지역 연산을 사용해 비지역 블록을 제안했다.

$$\mathbf{z}_i = \mathbf{W}_z \mathbf{h}_i' + \mathbf{h}_i \tag{11.9}$$

여기서 $\mathbf{h}_i'$은 식 (11.4)에서 주어지며 $+\mathbf{h}_i$ 부분은 잔차 연결[He et al., 2016a]을 의미한다. 따라서 비지역 블록은 어떤 사전학습된 모델[pre-trained]

^{model}과도 결합될 수 있고 더 응용할 곳이 많아진다. 왕 외[2018b]는 비디오 분류, 물체 인식 및 분할, 포즈 추정 등의 작업에 대한 실험을 했다. 단순히 비지역 블록을 추가하는 것만으로 기존보다 큰 성능 향상을 얻을 수 있었다.

11.3 그래프 네트워크

바타글리아 외[Battaglia et al., 2018]는 다양한 그래프 신경망과 MPNN, NLNN 접근법[Gilmer et al., 2017, Scarselli et al., 2009, Wang et al., 2018b]을 일반화하고 확장하는 그래프 네트워크^{GN, Graph Network} 프레임워크를 제안했다. 먼저 바타글리아 외[2018]에서의 그래프 정의를 소개한 후 GN 블록과 핵심 GN 계산 유닛, 계산하는 단계를 설명하고 마지막으로 기본적인 설계 원칙을 소개한다.

그래프 정의 바타클리아 외[2018]는 그래프를 세 쌍 $G = (\mathbf{u}, H, E)$로 정의한다. $\mathbf{u}$는 전체적인 속성이고, $\mathbf{h}_i$는 노드의 특징, $H = \{\mathbf{h}_i\}_{i=1:N^v}$는 노드 특징 집합이고, $\mathbf{e}_k$는 에지 특징, r_k는 에지의 끝, s_k는 에지의 시작, $E = \{(\mathbf{e}_k, r_k, s_k)\}_{k=1:N^e}$는 에지 정보 집합이다.

GN 블록 GN 블록은 '업데이트' 함수 ϕ 3개, '취합' 함수 ρ 3개를 갖고 있다.

$$
\begin{aligned}
\mathbf{e}'_k &= \phi^e \left(\mathbf{e}_k, \mathbf{h}_{r_k}, \mathbf{h}_{s_k}, \mathbf{u} \right) & \bar{\mathbf{e}}'_i &= \rho^{e \to h} \left(E'_i \right) \\
\mathbf{h}'_i &= \phi^h \left(\bar{\mathbf{e}}'_i, \mathbf{h}_i, \mathbf{u} \right) & \bar{\mathbf{e}}' &= \rho^{e \to u} \left(E' \right) \quad (11.10) \\
\mathbf{u}' &= \phi^u \left(\bar{\mathbf{e}}', \bar{\mathbf{h}}', \mathbf{u} \right) & \bar{\mathbf{h}}' &= \rho^{h \to u} \left(H' \right)
\end{aligned}
$$

여기서 $E'_i = \{(\mathbf{e}'_k, r_k, s_k)\}_{r_k=i,\, k=1:N^e}$, $H' = \{\mathbf{h}'_i\}_{i=1:N^v}$, $E' = \cup_i E'_i = \{(\mathbf{e}'_k, r_k, s_k)\}_{k=1:N^e}$이다. 취합 합수 ρ는 입력값의 수와 차원을 고려해서 설계돼야 한다. 이 함수들의 결괏값은 이 요인에 불변해야 한다.

계산 단계 GN 블록의 계산 단계는 다음과 같다.

1. ϕ^e는 에지마다 적용된다. 노드 i에 대해 각 에지의 결과는 $E'_i = \{(\mathbf{e}'_k, r_k, s_k)\}_{r_k=i,\, k=1:N^e}$이고, $E' = \cup_i E'_i = \{(\mathbf{e}'_k, r_k, s_k)\}_{k=1:N^e}$는 모든 에지의 결과 집합이다.

2. $\rho^{e\to h}$는 노드 i에 대해 대응되는 에지 업데이트를 취합하기 위해 E'_i을 사용하고 결과 $\bar{\mathbf{e}}'_i$을 얻는다.

3. ϕ^h는 노드 i의 표현 $\mathbf{h}'_i$을 업데이트할 때 사용된다. 업데이트한 노드의 표현 집합은 $H' = \{\mathbf{h}'_i\}_{i=1:N^v}$이다.

4. $\rho^{e\to u}$는 업데이트된 E'을 취합해서 $\bar{\mathbf{e}}'$을 얻는다. 나중에 전체적인 상태를 계산할 때 사용된다.

5. $\rho^{h\to u}$는 업데이트된 H'을 취합해서 $\bar{\mathbf{h}}'$를 얻는다. 전체적인 상태를 업데이트할 때 사용된다.

6. ϕ^u는 전체적인 상태 $\mathbf{u}$, $\bar{\mathbf{e}}'$, $\bar{\mathbf{h}}'$을 사용해서 전체적인 속성 $\mathbf{u}'$을 업데이트하기 위해 설계된다.

여기서 순서는 엄격하게 강요되지 않는다. 예를 들어 글로벌, 노드별, 에지별 업데이트를 할 수 있다. 또한 ϕ와 ρ가 논문에서는 신경망으로 되어 있지만 꼭 신경망일 필요는 없다.

설계 원칙 GN은 유연한 표현, 구성 가능한 블록 내 구조, 다중 블록 구조라는 세 가지 규칙을 지켜서 설계돼야 한다.

- **유연한 표현**: GN 프레임워크는 속성뿐만 아니라 다른 그래프 구조에 대해서도 유연한 표현을 제공할 수 있어야 한다. 글로벌, 노드, 에지 속성을 다른 종류의 표현으로 사용할 수 있어야 하고 연구자들은 주로 실숫값을 갖는 벡터나 텐서를 사용한다. GN 블록의 출력값을 각자의 요구에 맞게 간단히 변형할 수 있어야 한다. 예를 들어 함릭 외[Hamrick et al., 2018]와 킵프 외[Kipf et al., 2018]는 에지 중심, 바타글리아 외[Battaglia et al., 2016], 창 외[Chang et al., 2017], 산체스 외[Sanchez et al., 2018], 왕 외[Wang et al., 2018a]는 노드 중심, 바타글리아 외[2016], 길머 외[Gilmer et al., 2017], 산토로 외[Santoro et al., 2017]는 그래프 중심이다. 그래프 구조 측면에서 프레임워크는 그래프 구조가 명시적인 시나리오와 구조를 추론하거나 가정해야 하는 시나리오 모두에 적용될 수 있어야 한다.

- **구성 가능한 블록 내 구조**: GN 블록의 입력값과 함수들은 다르게 정의해 적용할 수 있고 그로 인해 GN 프레임워크는 블록 안에서 다양한 구조를 구성할 수 있다. 예를 들어, 햄릭 외[2018]와 산체스 외[2018]는 GN 블록을 전부 사용한다. 그들의 ϕ는 신경망으로 되어 있고 ρ는 원소별 합이다. 다른 구조와 다른 함수를 기반으로 MPNN, NLNN 등 다양한 모델을 GN 프레임워크로 표현할 수 있다. 그림 11.2a는 GN 블록을 모두 사용하는 경우이고, 그 밖의 모델들은 부분만 사용하는 변형이다. 예를 들어, MPNN은 노드와 에지 특징을 입력값으로 사용하고 결과는 그래프나 노드의 표현이다. MPNN은 전체 그래프의 특징을 입력으로 사용하지 않고 에지 임베딩 학습하는 것을 생략한다.

- **다중 블록 구조**: GN 블록은 복잡한 구조를 구축할 수 있도록 설계됐다. GN 블록이 몇 개든 공유 파라미터와 비공유 파라미터를 사용해 순차적으로 구성할 수 있다. 바타글리아 외[2018]는 인코드^{encode}-프로세스^{process}-디코드^{decode} 구조와 순환 GN 기반 구조를 만들기 위해 GN 블록을 활용했다. 이 구조는 그림 11.3에서 볼 수 있다. 스킵 커넥션, LSTM, GRU류 같은 기법들도 GN 기반 구조를 설계할 때 사용될 수 있다.

결론적으로 GN은 그래프에서의 딥러닝을 위한 일반적이고 유연한 프레임워크다. 물리 시스템, 트래픽 네트워크 등을 포함한 다양한 작업에 사용할 수 있다. 그러나 한계도 남아 있는데, 예를 들어 비동형 그래프를 구별하는 것과 같은 문제는 풀 수 없다.

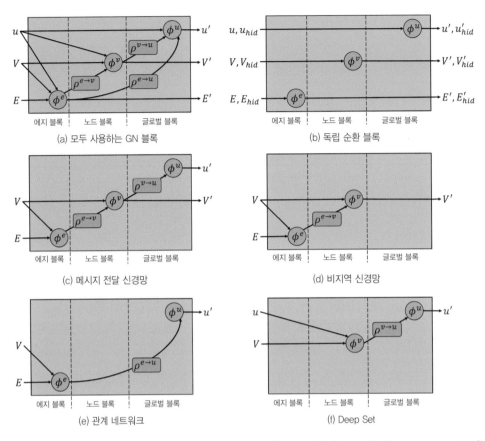

그림 11.2 여러 가지 GN 블록의 내부 구조: (a) 모두 사용하는 GN 블록[Battaglia et al., 2018], (b) 독립 순환 블록[Sanchez et al., 2018], (c) MPNN[Gilmer et al., 2017], (d) NLNN[Wang et al., 2018b], (e) 관계 네트워크[Raposo et al., 2017], (f) Deep Set[Zaheer et al., 2017]

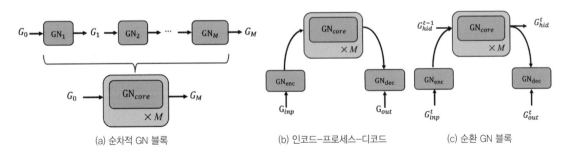

그림 11.3 GN 블록으로 구성된 구조 예시: (a) 순차적 구조, (b) 인코드–프로세스–디코드 구조, (c) 순환 구조

12

응용: 구조 시나리오

12장에서는 GNN을 그래프 구조에 자연스럽게 적용할 수 있는 응용 시나리오를 소개한다. 예를 들어 GNN은 소셜 네트워크 예측[Hamilton et al., 2017b, Kipf and Welling, 2017], 교통량 예측[Rahimi et al., 2018], 추천 시스템[van den Berg et al., 2017, Ying et al., 2018a], 그래프 표현[Ying et al., 2018b]에 널리 사용되고 있다. 특히, 객체 사이의 관계를 나타내는 그래프를 사용해 실제 물리 시스템을 모델링하는 방법, 분자의 화학적 특성과 단백질의 생물학적 상호작용 특성을 예측하는 방법, 지식 그래프에서 추론하는 방법 등을 다룬다.

12.1 물리

실제 물리 시스템을 모델링하는 것은 인간의 지능을 이해하는 가장 기본적인 작업 중 하나다. 객체를 노드로, 관계를 에지로 표현해 물리 시스템에서 GNN 기반 추론을 수행할 수 있다.

바타글리아 외[2016]는 다양한 물리 시스템에 대한 예측과 추론을 위해 상호작용 네트워크를 제안했다. 현재 상태에서 객체와 관계를 GNN에 입력값으로 넣어서 그들의 상호작용을 모델링하면 미래 상태의 물리 역학을 예측할 수 있다. 그들은 관계 중심 모델과 객체 중심 모델을 분리해서 다른 시스템에 일반화하기 쉽게 했다.

CommNet[Sukhbaatar et al., 2016]에서 상호작용은 명시적으로 모델링되지 않는다. 대신 다른 에이전트의 은닉 벡터 평균으로 상호작용 벡터를 계산한다.

VAIN[Hoshen, 2017]은 더 나아가서 에이전트 상호작용 과정에 어텐션 방법을 적용한다. 이로 인해 복잡성 이점과 계산 효율을 둘 다 얻는다.

비주얼 상호작용 네트워크visual interaction network[Watters et al., 2017]는 픽셀을 사용해 예측한다. 각 객체의 연속된 입력 프레임을 통해 상태 코드를 학습한다. 상호작용 넷 블록을 통해 상호작용 효과를 더하여 상태 디코더가 다음 스텝의 상태 코드로 변환한다.

산체스 외[2018]는 상태 예측이나 귀납 추론을 할 수 있는 GN 기반 모델을 제안했다. 추론 모델은 부분적으로 관찰된 정보를 입력받고 암묵적 시스템 분류를 위한 숨겨진 그래프를 만든다. 킵프 외[2018]도 객체 궤적으로 그래프를 만든다. 신경 관계 추론 과정을 위한 인코더-디코더 구조를 적용한다. 좀 더 자세히 설명하면, 인코더는 GNN을 통해 상호작용 그래프

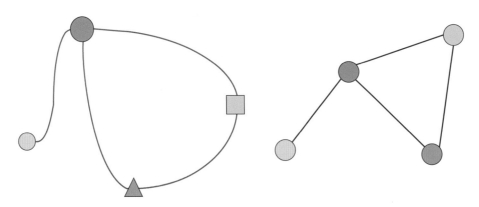

그림 12.1 물리 시스템과 이를 표현한 그래프 표현. 색칠된 노드는 다른 객체를 의미하고, 에지는 상호 간 작용을 의미한다.

의 구분된 분포를 반환하고 디코더는 인코더의 잠재 코드와 궤적의 이전 시간 단계를 사용해 궤적을 예측한다.

그래프 요소 네트워크graph element network[Alet et al., 2019]는 유한 요소 방법 [Hughes, 2012]에서 영감을 받아 연속 공간에 노드를 배치해 편미분 방정식을 푼다. 각 노드는 시스템의 로컬 상태를 의미하며, 모델은 노드에서 연결 그래프를 만든다. GNN은 동적 시스템을 시뮬레이션하기 위해 상태 정보를 전파한다.

12.2 화학과 생물

분자와 단백질은 그래프로 표현할 수 있도록 구조화되어 있다. 그림 12.2에 나오듯이, 원자와 잔류물은 노드로, 화학적 결합과 체인은 에지로 표현할 수 있다. GNN 기반 표현 학습을 통해 학습된 벡터는 약물 설계, 화학 반응 예측, 상호작용 예측 등에 도움을 줄 수 있다.

12.2.1 분자 핑거프린트

분자 핑거프린트molecular fingerprint는 분자를 표현한 특징 벡터이며 컴퓨터의 도움을 받는 약물 설계에서 큰 역할을 한다. 전통적인 분자 핑거프린트는 휴리스틱한 방법에 의존했지만 GNN을 사용해 더욱 유연한 접근을 할 수 있게 됐고 더 좋은 핑거프린트를 얻을 수 있었다. 두벤아우드 외[Duvenaud

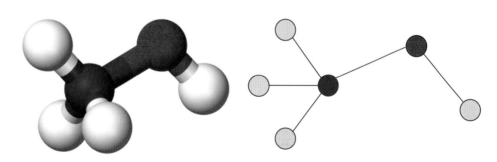

그림 12.2 CH_3OH 분자와 이를 표현한 그래프. 노드는 원자이고 에지는 결합(bond)이다.

et al., 2015]는 GCN을 통해 부분 구조의 특징 벡터를 얻고 그것을 더해서 계산하는 신경 그래프 핑거프린트$^{\text{neural graph fingerprint}}$를 제안했다. 애그리게이션 함수는 다음과 같다.

$$\mathbf{h}^t_{N_v} = \sum_{u \in N_v} \text{CONCAT}\left(\mathbf{h}^t_u, \mathbf{e}_{uv}\right) \tag{12.1}$$

여기서 $\mathbf{e}_{uv}$는 에지 (u, v)의 특징 벡터다. 노드 표현의 업데이트는 다음 식을 통해 한다.

$$\mathbf{h}^{t+1}_v = \sigma\left(\mathbf{W}^{\text{deg}(v)}_t \mathbf{h}^t_{N_v}\right) \tag{12.2}$$

여기서 $\text{deg}(v)$는 노드 v의 차수이고, $\mathbf{W}^N_t$은 시간 t에서 학습된 행렬이다.

키어네스 외[Kearnes et al., 2016]는 더 나아가서 원자 상호작용을 더 강조하기 위해 원자와 원자 쌍을 명시적으로 모델링한다. 애그리게이션 함수 대신 에지 표현 $\mathbf{e}^t_{uv}$를 쓴다. 즉, $\mathbf{h}^t_{N_v} = \sum_{u \in N_v} \mathbf{e}^t_{uv}$이다. 노드 업데이트 함수와 에지 업데이트 함수는 각각 다음과 같다.

$$\mathbf{h}^{t+1}_v = \text{ReLU}\left(\mathbf{W}_1\left(\text{ReLU}\left(\mathbf{W}_0\mathbf{h}^t_u\right), \mathbf{h}^t_{N_v}\right)\right) \tag{12.3}$$

$$\mathbf{e}^{t+1}_{uv} = \text{ReLU}\left(\mathbf{W}_4\left(\text{ReLU}\left(\mathbf{W}_2\mathbf{e}^t_{uv}\right), \text{ReLU}\left(\mathbf{W}_3\left(\mathbf{h}^t_v, \mathbf{h}^t_u\right)\right)\right)\right) \tag{12.4}$$

원자 분자 그래프를 넘어 일부 연구[Jin et al., 2018, 2019]는 분자를 접합 트리$^{\text{junction tree}}$로 표현한다. 접합 트리는 분자 그래프에서 특정 노드들을 하나의 노드로 수축해 만든다. 접합 트리의 노드는 고리^{ring}와 결합^{bond} 같은 분자 부분 구조다. 진 외[Jin et al., 2018]는 분자 그래프를 생성하기 위해 가변 오토 인코더를 적용한다. 이 모델은 두 단계로 나뉘는데, 먼저 화학적 부분 구조로 접합 트리를 생성하고 그래프 메시지 전달 네트워크를 통해 분자로 합친다. 진 외[2019]는 분자 최적화에 집중한다. 이 작업은 분자 하나를 다른 분자 그래프에 매핑하면서 더 좋은 성질을 보존하는 것을 목표로 한다. 제안된 VJTNN은 접합 트리를 만들기 위해 그래프 어텐션을 사용하고 유효한 그래프 변환을 피하기 위해 GAN을 적용한다.

분자에서 각 부분 구조를 더 잘 설명하기 위해 리 외[Lee et al., 2019]는 구조화된 데이터의 투명성을 보여주기 위한 게임 이론 접근을 제안한다. 예측자와 증인이 협동해 진행하는 게임을 만들어서 예측자는 불일치를 최소화하도록 학습해서 증인은 예측자가 얼마나 투명성을 얼마나 잘 맞추는지 시험한다.

12.2.2 화학 반응 예측

화학 반응 예측은 유기화학에서 근본적인 문제다. 도 외[Do et al., 2019]는 화학 반응을 그래프 변환 과정으로 보고 GTPN 모델을 만들었다. GTPN은 GNN을 사용해 반응물과 시약 분자의 표현 벡터를 학습한 후 강화학습을 사용해 반응물부터 제품까지의 최적 반응 경로를 예측했다. 브래드쇼 외[Bradshaw et al., 2019]는 화학 반응을 분자 내 전자의 단계적 재분배로 묘사할 수 있다는 또 다른 관점을 제시했다. 그들의 모델은 전자 이동에 대한 경로 분포 학습을 통해 전자 경로를 예측한다. 노드와 그래프 임베딩을 GGNN 네 층으로 표현하고 경로 생성 확률을 최적화한다.

12.2.3 약물 추천

딥러닝 알고리듬을 사용해 의약품을 추천하는 것은 연구자들과 의사들에게 광범위하게 탐험돼왔다. 전통적인 방법으로는 인스턴스 기반이나 EHR^{electronic health records} 기반 분류를 통한 추천 방법이 사용됐다.

더 좋은 추천을 위해 샹 외[Shang et al., 2019c]는 환자의 EHR 데이터와 약물 간 상호작용^{DDI, drug-drug interactions} 기반 약물 지식을 입력받는 GAMENet을 제안했다. GAMENet은 EHR 그래프와 DDI 그래프를 모두 임베딩해서 최종 결과를 위해 메모리 은행에 넣는다.

계층적 지식을 활용하기 위해 샹 외[2019b]는 의학 코드 표현을 위해 GNN과 BERT를 결합한다. 저자들은 먼저 GNN으로 내부 계층 구조를 인코딩하고 그 임베딩을 사전 학습된 EHR 인코더에 넣는다. 그리고 다운스트림 예측을 위해 미세조정 분류기를 적용한다.

12.2.4 단백질과 분자 상호작용 예측

파우트 외[Fout et al., 2017]는 단백질과 단백질 발생 인터페이스 간의 상호작용을 예측하는 어려운 문제인 단백질 인터페이스 예측에 집중했다. 제안된 GCN 기반 방법은 각각 리간드^{ligand}와 수용체 단백질 잔류 표현을 학습하고 그들을 합쳐서 쌍으로 분류한다. 수 외[Xu et al., 2019b]는 멀티 스케일 노드 특징을 잡아내기 위해 멀티 리솔루션 모델을 사용하는 MR-GNN을 발표했다. 또한 이 모델은 두 LSTM 네트워크를 사용해 두 그래프 사이의 상호작용을 단계적으로 학습한다.

GNN은 생의학에서도 사용된다. 리 외[Rhee et al., 2018]는 단백질-단백질 상호작용 네트워크를 사용해 유방암 유형 분류 문제를 풀기 위해 그래프 합성곱과 관계 네트워크를 적용했다. 짓닉 외[Zitnik et al., 2018]도 다의약품 부작용 예측을 위해 GCN 기반 모델을 제안했다. 그들은 에지를 다른 종류로 다뤄서 약물과 단백질 상호작용 네트워크를 모델링한다.

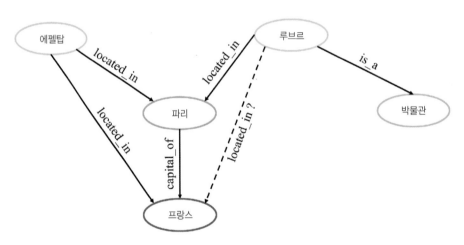

그림 12.3 지식 그래프의 예. 노드는 개체이고 에지는 관계다. 점선은 비어 있는 에지 정보로 추론해야 할 값이다.

12.3 지식 그래프

지식 그래프[KG, Knowledge Graph]는 지식 정보를 노드가 개체[entity]이고 에지가 관계
[relation]인 유향 그래프로 표현한 것을 말한다. 관계는 (헤드[head], 관계[relation], 테일
[tail]) 세 쌍으로 구성된다. 이런 지식 그래프는 추천, 웹 검색, 질문 답변 등에
폭넓게 사용된다.

12.3.1 지식 그래프 채우기

위상 구조를 잘 표현하며 지식 그래프를 저차원 벡터 공간에 효과적으로
인코딩하기 위해 GNN이 널리 사용돼왔다. 연결 예측이나 개체 분류는 지
식 정보를 채우기 위한 주요 문제다.

슐리히트크룰 외[Schlichtkrull et al., 2018]가 제안한 R-GCN은 파라
미터 공유해 관계 데이터를 모델링하는 첫 GNN 기반 프레임워크다. 그
들은 DistMult[Yang et al., 2015a]와 같은 기존 분해 방법에 GCN 구조를
디코더로 결합하면 연결 예측 문제에서 더 좋은 성능을 보인다는 것을 보
였다.

샹 외[2019a]는 GNN과 ConvE[Dettmers et al., 2018]의 장점을 살린 엔
드 투 엔드[end-to-end] SACN[Structure-Aware Convolutional Network] 모델을 소개했다. SACN
은 GCN 기반 인코더와 CNN 기반 디코더로 이뤄져 있다. 인코더는 GCN
층을 쌓아서 개체와 관계 임베딩을 학습하는 반면, 디코더는 벡터화와 투
영을 위해 멀티 채널 CNN을 사용하고 결과 벡터는 후보들의 내적으로 얻
는다.

나타니 외[Nathani et al., 2019]는 여러 가지 관계에 있는 개체들의 다양
성을 파악하기 위해 GAT를 인코더로 사용한다. 더 나아가서 메시지 전파
과정에서 기여 감소를 완화하기 위해 멀티 홉 이웃을 연결하는 보조 에지
를 도입했다. 이는 개체 간 지식 전달을 직접 할 수 있게 돕는다.

12.3.2 귀납 지식 그래프 임베딩

귀납 지식 그래프 임베딩[inductive knowledge graph embedding]의 목표는 학습에서 관찰

되지 않을 테스트 개체에 관한 쿼리에 답변을 하는 것이다.

하마구치 외[Hamaguchi et al., 2017]는 GNN을 활용해 지식 기반 채우기[KBC, knowledge base completion]에서 지식 베이스 외[OOKB, out-of-knowledge-base] 개체 문제를 풀었다. 하마구치 외[2017]의 논문에서 OOKB 개체는 이미 존재하는 개체에 직접적으로 연결되어 있기 때문에 기존 개체 벡터를 취합해 OOKB 개체의 임베딩을 계산할 수 있다. 이 방법은 기존 KBC 환경과 OOKB 환경 모두에서 만족스러운 성능을 달성했다.

더 정교한 취합 방법을 위해 왕 외[Wang et al., 2019a]는 OOKB 개체의 임베딩을 학습하기 위해 어텐션 애그리게이터를 고안했다. 어텐션 가중치는 두 부분으로 나뉘는데, 이웃 관계의 유용함을 측정하는 통계적 논리 규칙 메커니즘과 이웃 노드의 중요성을 측정하는 신경망 메커니즘이다.

12.3.3 지식 그래프 정렬

지식 그래프는 단일 언어나 영역에서는 풍부한 지식을 인코딩하지만 여러 가지 언어나 영역을 연결하는 데는 아직 부족하다. 따라서 지식 그래프 정렬 문제는 해결해야 하는 과제 중 하나다.

왕 외[2018f]는 GCN을 사용해서 언어 간 지식 그래프 정렬 문제를 해결한다. 다른 언어의 개체를 통합된 벡터 공간에 임베딩하고 임베딩의 유사성을 기반으로 정렬한다.

맥락 정보를 더 잘 활용하기 위해 수 외[Xu et al., 2019a]는 개체의 맥락을 표현하는 토픽 개체 그래프[topic entity graph]를 제안한다. 토픽 개체 그래프는 타깃 개체와 인접한 이웃으로 구성된다. 정렬 문제를 위해 수 외[2019a]는 그래프 매칭 네트워크를 사용해 두 토픽 개체 그래프를 연결하고 다른 GCN으로 근처 연결 정보를 전파한다.

대규모 이종 아카데미 개체 그래프[large-scale heterogeneous academic entity graph] 2개를 연결하기 위해 장 외[Zhang et al., 2019]는 장소, 논문, 저자 세 가지 특정 모듈을 도입했다. 장소 연결 모듈은 LSTM 기반으로 이름 수열을 다루고, 논문 연결 모듈은 근처 해싱과 CNN을, 저자 연결 모듈은 장소와 논문 부분 그래프를 학습하기 위한 그래프 어텐션 네트워크를 다룬다.

12.4 추천 시스템

콘텐츠 정보와 사용자-아이템 간 상호작용 정보의 영향을 동시에 추천에 반영하기 위해 추천 시스템은 사용자-아이템 평점 그래프를 기반으로 계속 발전하고 있다. 좀 더 자세히 말하면 사용자, 아이템, 속성을 노드로 그들 간의 관계를 에지로 나타내고 에지의 값에 상호작용의 결과를 준다. 그림 12.4에서 보듯이 추천 문제는 그래프에서 연결 예측 문제라고 볼 수 있다. GNN의 뛰어난 표현력과 높은 해석 가능성 때문에 GNN 기반 추천 방법들이 인기를 얻고 있다.

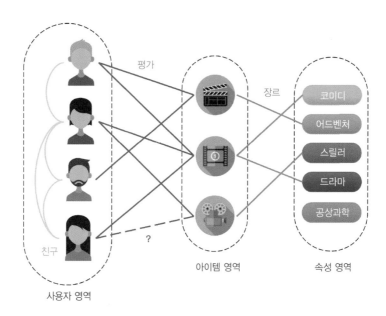

그림 12.4 사용자, 아이템, 속성은 그래프의 노드이고 그들의 상호작용은 에지다. 이런 방식으로 평점 예측 문제를 연결 예측 문제로 변환할 수 있다.

12.4.1 행렬 채우기

sRMGCNN[seperable Recurrent Multi-Graph CNN][Monti et al., 2017]은 멀티 그래프 CNN과 RNN을 결합한 모델이다. 사용자-아이템 그래프의 행과 열에 인코딩된 유사성 정보를 사용해 멀티 그래프 CNN은 평점 행렬로부터 로컬 고정 특징을 추출한다. 여기서 얻은 로컬 특징을 RNN에 넣어서 평점값을 전파하고 평점 행렬을 재구성한다. sRMGCNN은 기존 그래프 합성곱 방법을 가져왔다. 정확성과 수렴을 보장하기 위해 그래프 푸리에 변환을 통해 그래프를 스펙트럼 영역으로 변환했다. 또한 sRMGCNN은 행렬 분해를 결합해 효율을 개선했다.

스펙트럼 합성곱 방법과 달리 GCMC[van den Berg et al., 2017]는 공간 영역에서 취합하고 업데이트하는 공간 GNN을 사용했다. GCMC는 인코더-디코더 모델로 해석될 수 있는데, 사용자 노드와 아이템 노드의 임베딩을 그래프 인코더로 얻고 디코더로는 예측 점수를 얻는다.

웹 규모의 경우에서 아이템과 모음 사이의 관계를 예측하기 위해 PinSage[Ying et al., 2018a]는 여러 가지 유용한 기술을 도입한 효율적인 모델을 제안했다. 전체적인 구조는 GraphSAGE[Hamilton et al., 2017b]와 동일하며 동적으로 계산 그래프를 구성하기 위해 샘플링 전략을 도입했다. 그러나 GraphSAGE에서 샘플링 전략은 단순한 랜덤 샘플링이었고 이는 이웃이 많은 경우엔 최적이 아니다. PinSage는 랜덤 워크를 통해 샘플을 생성했다. 타깃 노드부터 시작해서 짧은 랜덤 워크를 만들어가면서 방문했던 노드에 가중치를 부여한다. 게다가 GNN의 계산 효율을 더 높이기 위한 파이프라인을 설계한다. 이 파이프라인은 평점 그래프의 이분 그래프 성질을 사용해 아이템 표현 벡터와 모음 표현 벡터를 번갈아 가면서 업데이트한다. 즉, 각 업데이트에서 노드 표현의 한쪽 반만 필요하다.

12.4.2 소셜 추천

소셜 추천은 전통적인 추천에 비해 소셜 네트워크에서 사용자의 소셜 정보를 사용해 성능을 향상한다. 온라인으로 구매를 할 때 사람들은 쉽게 다른 사람들, 특히 친구들의 영향을 많이 받는다. 따라서 추천 시스템에 사용자의 사회적 영향과 관계를 모델링하는 것이 중요하다. 소셜 정보를 다루는 GNN 연구를 소개한다.

우 외[Wu et al., 2019a]는 반복적인 사회 확산 과정이 사용자에게 어떤 영향을 미치는지 시뮬레이션하기 위해 신경 확산 모델을 제안했다. 사용자 임베딩은 GNN을 통해 소셜 네트워크에서 전파되고 풀링된 아이템 임베딩과 결합해 결과를 만들어낸다.

소셜 네트워크와 사용자-아이템 상호작용 그래프를 동시에 모델링하기 위해 판 외[Fan et al., 2019]는 GraphRec을 제안했다. 사용자 임베딩을 취합할 때 소셜 이웃과 아이템 이웃을 둘 다 사용한다. 또한 GraphRec은 각 노드에 다른 가중치를 주기 위해 애그리게이터로 어텐션 메커니즘을 사용한다.

우 외[2019b]는 소셜 효과를 정적인 효과로 모델링하면 안 된다고 주장하며 추천 상황에서 사용자, 아이템 동질성과 영향력 효과 등을 포함해 네 가지 사회적 효과를 감지할 것을 제안했다. 두 종류의 효과는 사용자 선호도와 아이템 속성에 동시에 영향을 준다. 우 외[2019b]는 추가로 GAT 4개를 사용해 네 가지 사회적 효과를 독립적으로 모델링한다.

13

응용: 비구조 시나리오

13장에서는 이미지, 문자, 프로그래밍 소스 코드[Allamanis et al., 2018, Li et al., 2016], 멀티 에이전트 시스템[Hoshen, 2017, kipf et al., 2018, Sukhbaatar et al., 2016]과 같은 비구조 시나리오에 대한 응용을 알아본다. 길이 제한으로 인해 앞 2개의 시나리오만 자세히 소개하려고 한다. 그래프 신경망을 비구조 시나리오에 적용하는 방법은 크게 두 가지가 있다. (1) 다른 도메인의 구조적 정보와 결합해 성능을 향상하는 경우(예: 이미지를 다루는 제로샷 문제에 지식 그래프의 정보를 사용하는 경우)와 (2) 시나리오에서 관계 구조를 가정하거나 만들어서 그래프에서 정의된 문제를 GNN 모델로 해결하는 경우(예: 텍스트를 그래프로 바꾸는 장 외[Zhang et al., 2018c]의 방법)다.

13.1 이미지

13.1.1 이미지 분류

이미지 분류는 많은 관심을 받고 있는 컴퓨터 비전 분야에서 매우 기본적이고 중요한 작업이며, ImageNet[Russakovsky et al., 2015]과 같은 유명한 데이터셋도 많이 있다. 최근 이미지 분류 기술은 빅데이터와 GPU의 강력한 컴퓨팅 파워를 바탕으로 이미지의 구조 정보를 추출하지 않고도 학습할 수 있는 수준이다. 그러나 대부분의 모델은 충분한 데이터가 있어야 준수한 성능에 도달할 수 있기 때문에 **제로샷**$^{zero-shot}$이나 **퓨샷 학습**$^{few-shot\ learning}$은 이미지 분류 문제에서 점점 더 인기를 얻고 있다. 구조 정보를 결합하기 위해 그래프 신경망을 쓰는 연구가 있다.

첫째, 지식 그래프는 제로샷 인식 분류를 할 때 추가 정보로 사용될 수 있다[Kampffmeyer et al., 2019, Wang et al., 2018c]. 왕 외[Wang et al., 2018c]는 카테고리를 노드로 하는 지식 그래프를 만들고 노드의 단어 임베딩을 입력으로 받아서 다른 카테고리를 분류하는 문제를 풀었다. 합성곱 구조를 깊게 쌓으면 오버 스무딩$^{over-smoothing}$ 문제가 나타나기 때문에 왕 외[2018c]에서 사용한 GCN 여섯 층은 유용한 정보를 다 표현하지 못했을 수도 있다. GCN의 전파에서 생기는 오버 스무딩 문제를 해결하기 위해 캄프메이어 외[Kampffmeyer et al., 2019]는 그래프에서 단일 홉 노드와 멀티 홉 노드를 모두 포함하는 더 큰 이웃에 적용하는 한 층 GCN을 제안했고 이 모델은 제로샷 분류기를 만들 때 효과적임을 증명했다. 그림 13.1은 캄프메이어 외[2019]와 왕 외[2018c]의 전파 단계 예시다.

지식 그래프 외에도 데이터셋 안에 있는 이미지의 유사도는 퓨샷 러닝에 도움이 된다[Garcia and Bruna, 2018]. 가르시아와 브루나[Garcia and Bruna, 2018]는 유사도를 바탕으로 가중치 완전 이미지 접속망을 만들고 퓨샷 인식을 위해 그래프에서 메시지 전달을 수행했다.

추론을 위한 대부분의 지식 그래프가 크기 때문에 마리노 외[Marino et al., 2017]는 객체 검출 결과를 기반으로 부분 그래프를 만들 수 있는 관계된 개체를 고르고, 뽑힌 그래프에서 예측을 위해 GGNN을 적용했다. 게다가 리 외[Lee et al., 2018a]는 개체가 모두 카테고리인 새로운 지식 그래프를 만들었다. 그리고 상위 종속, 양의 상관관계, 음의 상관관계로 레이블 관계를 정의하고 그래프에서 직접 레이블의 신뢰도를 전파했다.

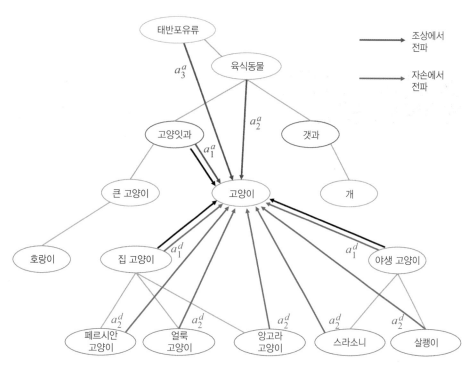

그림 13.1 검정색 선은 이전 방법에서의 전파 단계를 의미한다. 빨간색 선과 파란색 선은 캄프메이어 외[2019]에서 사용되는 전파 단계다. 직접적으로 연결된 노드뿐만 아니라 멀리 떨어진 조상 노드와 자손 노드에서도 정보를 받아올 수 있다.

13.1.2 시각적 추론

컴퓨터 비전 시스템은 공간 정보와 의미 정보를 모두 통합해 추론을 할 때 필요하다. 따라서 추론 과제를 위해 그래프를 생성하는 것은 자연스럽다.

대표적인 시각적 추론 과제는 시각적 질문 답변이다. 그림 13.2에서 보듯, 테네이 외[Teney et al., 2017]는 이미지 장면 그래프와 질문 구문 그래프를 각각 만든다. 그리고 최종 답을 예측하기 위한 임베딩을 GGNN을 통해 학습한다. 물체들이 공간적으로 연결됐음에도 불구하고 노클리프브라운 외[Norcliffebrown et al., 2018]는 질문에 대한 관계 그래프를 만든다. 지식 그래프를 활용해 나라심한 외[Narasimhan et al., 2018]와 왕 외[2018e]는 더 자세한 관계를 탐색하고 더 해석 가능한 추론 과정을 수행한다.

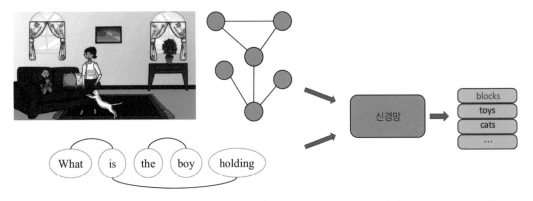

그림 13.2 시각적 질문 답변을 위한 테네이 외[2017]의 방법. 사진에서 장면 그래프를, 질문에서 구문 그래프를 만들고, 질문 답변을 위해 결합한다.

시각적 추론의 다른 적용 분야는 물체 감지, 상호작용 감지, 지역 분류 등이 있다. 물체 감지에서는 GNN이 RoI 특징을 계산할 때 사용된다[Gu et al., 2018, Hu et al., 2018]. 상호작용 감지에서는 사람과 물체 사이의 메시지 전달을 수행하는 도구로 GNN이 사용된다[Jain et al., 2016, Qi et al., 2018]. 지역 분류에서는 GNN이 지역과 클래스를 연결하는 그래프에서 추론을 수행한다[Chen et al., 2018c].

13.1.3 의미 구분

의미 구분은 이미지 이해를 위한 중요한 과정이다. 이 작업은 이미지의 픽셀 하나하나에 고유한 레이블이나 카테고리를 할당하는 것이며, 촘촘한 분류 문제라고도 볼 수 있다. 그러나 이미지 속 영역은 그리드처럼 생기지 않았고 가까이 있지 않은 정보도 필요하다. 이 때문에 전통적인 CNN이 잘 동작하지 못했고 그래프 구조를 사용하는 방법이 도입됐다.

리앙 외[Liang et al., 2016]는 그래프 LSTM을 제안해 공간 연결과 함께 장기 의존성을 모델링했다. 그래프 LSTM은 먼저 거리 기반 슈퍼픽셀 지도를 그래프로 만든 후에 LSTM을 적용해 이웃의 정보를 전체적으로 전파한다.

3D 의미 구분(RGBD 의미 구분)과 포인트 클라우드 분류는 기하학적 정보

를 더 많이 활용하기 때문에 2D CNN으로 모델링하기엔 힘들다. 퀴 외[Qi et al., 2017b]는 K 근접 이웃^{KNN, K-nearest neighbors} 그래프를 만들고 3D GNN을 전파 모델로 사용한다. 여러 단계를 거친 후 예측 모델은 각 노드의 은닉 상태를 입력으로 받고 그 의미 레이블을 예측한다.

항상 점이 아주 많이 존재하기 때문에 란드리에우와 시모노브스키 [Landrieu and Simonovsky, 2018]는 대규모 3D 포인트 클라우드 구분을 해결하기 위해 슈퍼포인트 그래프를 만들고 그 임베딩을 얻어냈다. 슈퍼노드를 분류하기 위해 란드리에우와 시모노브스키[2018]는 GGNN과 그래프 합성곱을 활용했다.

왕 외[2018d]는 점들의 상호작용을 에지를 통해 모델링하는 방법을 제안한다. 터미널 노드의 좌표를 써서 에지 임베딩을 계산한다. 그리고 노드 임베딩은 에지의 임베딩으로부터 업데이트된다.

13.2 문자

그래프 신경망은 문자를 다루는 여러 가지 작업에 적용될 수 있다. 문장 수준 과제(예: 문자 분류)뿐만 아니라 단어 수준 과제(예: 시퀀스 레이블링) 모두에 적용할 수 있다. 텍스트에 대한 주요 응용 분야를 소개한다.

13.2.1 문자 분류

자연어 처리에서 문자 분류는 중요하고 고전적인 문제다. 고전적인 GCN 모델[Atwood and Towsley, 2016, Defferrard et al., 2016, Hamilton et al., 2017b, Henaff et al., 2015, Kipf and Welling, 2017, Monti et al., 2017]과 GAT 모델[Velickovic et al., 2018]이 문제 해결을 위해 활용되지만 문서에서 구조적인 정보만 사용할 뿐 문자 정보를 다 활용하진 못한다.

펭 외[Peng et al., 2018]는 그래프 CNN 기반 딥러닝 모델을 제안한다. 먼저 문자를 단어 그래프로 바꾸고 단어 그래프에 [Niepert et al., 2016]에서 소개한 합성곱을 적용한다.

장 외[2018c]는 문자를 인코딩하기 위해 S-LSTM을 제안한다. 문장 전체를 하나의 글로벌 상태로, 각 단어를 부분 상태로 표현한다. 분류 작업에는 글로벌 문장 상태를 사용한다.

이 방법들은 문서나 문장을 단어 노드로 된 그래프로 취급하고 문장 연관 관계에 따라 그래프를 만든다. 야오 외[Yao et al., 2019]는 문서나 단어를 노드로 취급하고 코퍼스 그래프corpus graph를 만들고(따라서 이 그래프는 이종 그래프다) 텍스트 GCN을 사용해 단어와 문서의 임베딩을 학습한다.

감정 분류도 문자 분류 문제라고 생각할 수 있다. 타이 외[Tai et al., 2015]가 Tree-LSTM을 사용하는 방법을 제안했다.

13.2.2 시퀀스 레이블링

GNN에서 각 노드는 은닉 상태를 갖고 있기 때문에 문장의 각 단어를 노드로 본다면 은닉 상태를 사용해 시퀀스 레이블링 문제를 해결할 수 있다. 장 외[2018c]는 시퀀스에 레이블링을 하기 위해 S-LSTM을 사용했다. 그들은 긍정 태깅과 NER에 대한 실험을 하고 뛰어난 성과를 달성했다.

의미론적 역할 레이블링은 시퀀스 레이블링의 또 다른 업무다. 마르체지아니와 티토프[Marcheggiani and Titov, 2017]는 이 문제를 해결하기 위해 구문 GCN을 제안했다. 구문 GCN은 기존 GCN[Kipf and Welling, 2017]의 변형이며 레이블링된 선을 가진 유향 그래프에서 작동한다. 각 선의 의존도 분포를 조절할 수 있는 모델을 선마다 적용한다. 구문 의존 트리에서 구문 GCN은 문장 내 단어의 잠재 특징 표현을 위한 인코더로 사용된다. 또한 마르체지아니와 티토프[2017]는 GCN과 LSTM이 이 업무에 상호보완적임을 보여준다. 구문 GCN의 예는 그림 13.3에 있다.

13.2.3 신경 기계 번역

신경 기계 번역 작업은 시퀀스 투 시퀀스sequence-to-sequence 작업의 일종이다. 바스와니 외[Vaswani et al., 2017]는 어텐션 메커니즘을 가장 많이 사용되는 순환 층이나 합성곱 층 대신 사용했다. 실제로 트랜스포머는 언어 요소들끼리 서로 다 연결되어 있는 그래프 구조를 가정한다.

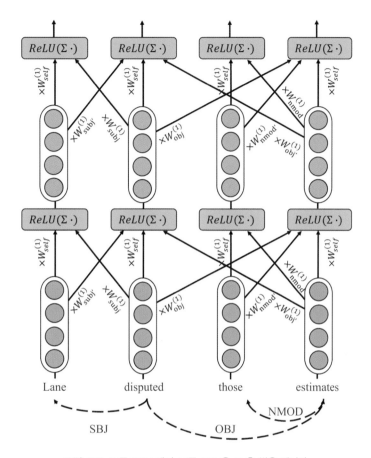

그림 13.3 구문 GCN 예시. 구문 GCN을 두 층 쌓은 예시다.

GNN의 인기 있는 응용 중 하나는 구문 정보와 의미 정보를 결합해 NMT 문제를 푸는 것이다. 바스팅스 외[Bastings et al., 2017]는 구문 GCN 을 구문 인식 NMT 문제에 적용했다. 마르체지아니 외[Marcheggiani et al., 2018]는 구문 GCN을 사용해 주어진 문장의 술어 구조(의미적 역할) 정보를 통합하고 단순히 구문이나 의미 정보만 사용한 결과와 모든 정보를 사용한 결과를 비교했다. 벡 외[Beck et al., 2018]는 구문 인식 NMT에 GGNN을 적용했다. 구문 의존성 그래프에서 선을 새로운 노드로 추가해 레비 그래 프$^{Levi graph}$라는 새로운 구조로 변환했다. 이로 인해 에지 레이블을 임베딩으로 표현할 수 있게 됐다.

13.2.4 관계 추출

텍스트에서 개체 간 의미 관계를 추출하는 것은 중요하며 많이 연구됐다. 이 작업을 개체 인식과 관계 추출이 연결된 작업이라고 보기도 한다. 미와와 반살[Miwa and Bansal, 2016]은 양방향 수열과 양방향 트리 구조 LSTM-RNN을 사용하는 관계 추출 모델을 제안한다. 장 외[2018d]는 관계 추출에 맞게 그래프 합성곱 네트워크를 확장했다. 입력된 트리에 프루닝 전략pruning strategy을 적용하는 방법이다.

주 외[Zhu et al., 2019a]는 관계 추출을 위해 생성 파라미터를 쓰는 GP-GNN을 제안했다. 기존의 관계 추출 방법은 문자에서 사실을 쉽게 추출할 수 있지만 여러 단계를 거치는 관계 추론은 못했다. GNN은 그래프에서 여러 단계를 거치는 관계 추론 과정을 진행할 수 있지만 그 방법을 문자에 바로 적용할 순 없었다. GP-GNN은 이를 해결했다.

교차 문장 n항 관계 추출은 여러 문장에서 등장하는 개체 n개의 관계를 알아내는 것이다. 펭 외[2017]는 교차 문장 n항 관계 추출을 풀기 위해 그래프 LSTM 기반 일반적인 프레임워크를 연구했다. 입력 그래프를 DAG 2개로 나누는데 이 과정에서는 유용한 정보가 없어질 수도 있다. 송 외[Song et al., 2018c]는 기존 그래프 구조를 유지하는 그래프 상태 LSTM을 제안했다. 더 나아가서 병렬화를 통해 계산 속도를 향상했다.

13.2.5 사건 추출

사건 추출은 글에서 나오는 특정 종류의 사건을 인식하는 중요한 정보 추출 업무다. 응뉴엔과 그리시만[Nguyen and Grishman, 2018]은 의존 트리 기반 CNN(정확히는 구문 GCN)으로 사건 검출을 풀었다. 리우 외[Liu et al., 2018]는 이벤트 트리거와 인수를 함께 추출하는 공동 다중 사건 검출 프레임워크를 제안했다. 이 방법은 어텐션 기반 GCN을 사용해 그래프 정보를 모델링하고 구문 구조에서 빠른 길을 찾아서 정보 흐름을 향상한다.

13.2.6 사실 확인

사실 확인[FV, Fact Verification]은 문서에서 관련된 증거를 찾고 그 증거로 주어진 주장을 확인하는 도전적인 문제다. 더 자세히 말하면, 주어진 주장에 대해 FV 시스템은 '뒷받침', '반박', '불충분'을 판별한다.

기존 FV 방법은 FV를 자연어 추론[NLI, Natural Language Inference] 문제로 생각한다 [Angeli and Manning, 2014]. 그러나 그들은 증거를 연결하거나 증거-주장 쌍을 다루는 등 간단한 증거 조합 방법을 사용했다. 이 방법으로는 증거 사이의 충분한 관계나 논리 정보를 파악할 수 없다. 실제로 많은 주장은 검증을 위해 여러 증거들을 한 번에 통합하고 추론할 필요가 있다.

여러 근거를 통합하고 추론하기 위해 주 외[Zhou et al., 2019]는 그래프 기반 근거 취합 및 추론 프레임워크[GEAR, Graph-based Evidence Aggregating and Reasoning]를 제안했다. 먼저 완전히 연결된 근거 그래프를 만들고 근거에서 정보 전파를 수행한다. 그러면 근거 조각들을 모을 수 있고 근거가 뒷받침인지 반박인지 불충분인지 판별하는 분류기에 적용할 수 있게 된다.

그림 13.4에 나오듯이, 주장과 관련 근거가 주어지면 GEAR은 먼저 **문장 인코더**[sentence encoder]를 통해 주장과 근거 임베딩을 얻고 완전연결된 근거 그래프를 만든다. 그 후 그래프에서 근거와 이유 정보를 전파하는 **근거 추론 네트워크**[ERNet, Evidence Reasoning Network]를 통과시키고 근거 취합기를 사용해 최종 결과

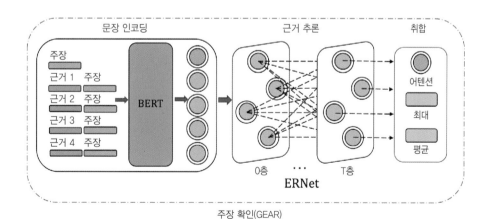

그림 13.4 주 외[2019]에서 사용된 GEAR 프레임워크

를 얻는다.

근거 추론 단계에서 사용되는 ERNet은 GAT의 변형이다. ERNet에 관한 더 자세한 내용은 주 외[2019]에서 찾을 수 있다.

13.2.7 그 밖의 응용

GNN은 다른 곳에도 적용될 수 있다. S-LSTM 기반 방법[Song et al., 2018b]과 GGNN 기반 방법[Beck et al., 2018]은 텍스트 생성 업무를 수행한다. 타이 외[2015]는 Tree-LSTM 모델을 사용해 두 문장이 의미적으로 얼마나 관련 있는지 모델링한다. 송 외[2018a]도 문장 LSTM을 활용해 멀티 홉 독해 문제를 해결한다. 관계 추론을 하기 위해 관계 네트워크 [Santoro et al., 2017], 상호작용 네트워크[Battaglia et al., 2016], 순환 관계 네트워크[Palm et al., 2018]도 연구되고 있다. 여기 언급된 것이 전부는 아니니 독자들이 관심 있는 분야에 그래프 신경망이 어떻게 사용되는지 찾아보길 권장한다.

응용: 기타 시나리오

구조 및 비구조 시나리오 외에도 그래프 신경망이 큰 역할을 하는 경우가 있다. 14장에서는 생성 그래프 모델과 GNN을 활용한 조합적 최적화를 소개한다.

14.1 생성 모델

실제 그래프의 생성 모델^{generative model}은 사회적 상호작용 모델링, 새로운 화학 구조 발견, 지식 그래프 구성 등 중요한 분야에서 많은 관심을 받았다. 딥러닝은 그래프의 분포를 학습할 수 있기 때문에 최근에 그래프 생성 모델에 대한 연구가 많다.

NetGAN[Shchur et al., 2018]은 그래프 생성 모델의 초기 연구 중 하나다. 그래프 생성 문제를 정해진 그래프에서 얻은 랜덤 워크를 입력으로 받고 GAN 구조로 워크 생성 모델을 학습하는 문제로 바꿨다. 생성된 그래프가 원래 그래프의 중요한 위상 성질은 보존하지만 노드 수는 생성 과정에서 바꿀 수 없다. GraphRNN[You et al., 2018b]은 각 노드의 인접 벡터를 하나씩 생성해 그래프의 인접행렬을 생성하는데, 이 방법으로 노드 수가 다른 원하는 네트워크를 생성할 수 있다.

MolGAN[De Cao and Kipf, 2018]은 인접행렬을 순차적으로 생성하는 대신 그래프 구조(인접행렬)를 한 번에 예측하고 순열 불변 판별기를 사용해 인접행렬의 노드 변형 문제를 해결한다. 또한 원하는 화학 구조를 얻기 위해 강화학습 기반 최적화에 쓰는 리워드 네트워크[reward network]를 적용한다.

마 외[Ma et al., 2018]는 생성된 그래프의 의미를 보장하기 위해 제한된 변형 오토 인코더를 제안한다. 노드와 에지의 존재성과 종류의 분포를 동시에 정규화하기 위해 페널티를 적용한다. 정규화는 고스트 노드와 밸런스, 연결성과 노드 호환성에 초점을 둔다.

GCPN[You et al., 2018a]은 강화학습을 통해 도메인별 규칙들을 통합했다. 분자 그래프를 구성하기 위해 기존 분자 그래프에 원자나 하부 구조를 추가할지 기존 원자를 연결할지 선택하는 정책을 따른다. 이 모델은 분자 성질 보상과 적대적 손실에 의해 학습된다.

리 외[Li et al., 2018c]는 에지와 노드를 순차적으로 생성하는 모델을 제안한다. GNN을 사용해 현재 그래프의 은닉 상태를 추출하는데, 이것이 생성 과정에서 다음 단계에 어떤 행동을 할지 결정한다.

Graphite[Grover et al., 2019]는 분자처럼 작은 그래프가 아닌 큰 그래프에 적합하다. 이 모델은 인접행렬의 파라미터화된 분포를 학습한다. Graphite는 인코더가 GNN인 인코더-디코더 구조를 가져온다. 제안된 디코더의 경우 모델은 중간 그래프를 구성하고 메시지 전달을 통해 반복적으로 그래프를 개선한다.

소스 코드 생성은 의미적 제약과 구문적 제약을 동시에 만족시켜야 하는 흥미로운 구조화된 예측 작업이다. 브록슈미트 외[Brockschmidt et al., 2019]는 이 문제를 그래프 생성으로 푸는 방법을 제안했다. 속성 관계를 인코딩하는 에지를 더하는 방식을 사용해 부분 AST에서부터 그래프를 만드는 모델을 제안했다. 그래프 신경망은 그 그래프에 메시지 전달을 수행해서 생성이 더 잘 되도록 돕는다.

14.2 조합적 최적화

그래프에서 정의되는 조합적 최적화^{combinatorial optimization} 문제는 모든 분야의 과학자들로부터 많은 관심을 받는 NP 하드^{NP-hard} 문제들이다. 외판원 문제^{TSP, traveling salesman problem}처럼 특정한 문제는 다양한 휴리스틱 해법이 있다. 최근 이런 문제를 DNN을 써서 푸는 것이 주목을 끌었고 일부 해결법은 그래프 구조를 활용하기 위해 GNN을 적용한다.

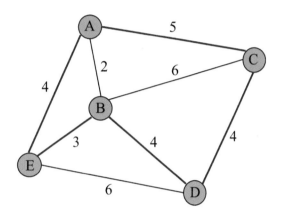

그림 14.1 외판원 문제의 예시. 노드는 다른 도시들을 나타내고, 에지는 도시를 잇는 경로를 나타낸다. 에지의 가중치는 경로의 길이다. 그림에서 빨간색 선은 모든 도시를 연결하는 가장 짧은 회로다.

벨로 외[Bello et al., 2017]가 가장 먼저 TSP에 딥러닝을 적용했다. 이 방법은 두 부분으로 나뉘는데, 하나는 리워드 파라미터화를 위한 포인터 네트워크^{pointer network}[Vinyals et al., 2015]이고 다른 하나는 학습을 위한 정책 그레이디언트[Sutton and Barto, 2018] 모듈이다. 이 모델은 전통적인 방법에 뒤처지지 않는다는 사실이 입증됐다. 순서 불변 인코더는 이런 작업에 더 적합한 반면에, 포인터 네트워크는 텍스트 같은 순서가 있는 데이터를 위해 설계됐다.

칼릴 외[Khalil et al., 2017]와 쿨 외[Kool et al., 2019]는 GNN을 활용해 위의 방법을 개선했다. 칼릴 외[2017]는 structure2vec[Dai et al., 2016]으로 얻은 노드 임베딩을 결정을 내리는 Q 러닝 모듈에 넣었다. 쿨 외[2019]

는 어텐션 기반 인코더-디코더 시스템을 만들었다. 강화학습 모듈을 어텐션 기반 디코더로 대체해서 더 효과적인 학습을 할 수 있다. 이 작업은 이전 알고리듬들보다 더 좋은 성능을 보였고 GNN의 효과를 증명했다. 프라테스 외[Prates et al., 2019]는 TSP를 위한 새로운 GNN 기반 모델을 제안했다. 이 모델은 메시지 전달을 위해 에지에 가중치를 준다. 이 네트워크는 듀얼 예제로 훈련된다.

노왁 외[Nowak et al., 2018]는 2차원 할당 문제, 즉 두 그래프의 유사성을 측정하는 문제에 초점을 맞췄다. GNN 기반 모델이 독립적으로 각 그래프에서 노드 임베딩을 계산하고 어텐션 메커니즘으로 그것들을 비교한다. 전통적인 방법이 잘 적용되지 않는 경우에도 이 모델은 만족스러운 성능을 보인다.

CHAPTER

15

오픈소스

15.1 데이터셋

여러 가지 그래프 신경망의 성능을 테스트하기 위해 그래프와 관련된 많은 작업이 공개된다. 이런 작업들은 일반적으로 사용되는 다음과 같은 데이터 셋을 기반으로 한다.

인용 네트워크에 대한 데이터셋은 다음과 같다.

- Pubmed[Yang et al, 2016]

- Cora[Yang et al, 2016]

- Citeseer[Yang et al, 2016]

- DBLP[Tang et al., 2018]

생화학 그래프에 대한 데이터셋은 다음과 같다.

- MUTAG[Debnath et al., 1991]

- NCI-1[Wale et al., 2008]

- PPI[Zitnik and Leskovec, 2017]

- D&D[Dobson and Doig, 2003]

- PROTEIN[Borgwardt et al., 2005]

- PTC[Toivonen et al., 2003]

소셜 네트워크에 대한 데이터셋은 다음과 같다.

- Reddit[Hamilton et al., 2017c]

- BlogCatalog[Zafarani and Liu, 2009]

지식 그래프에 대한 데이터셋은 다음과 같다.

- FB13[Socher et al., 2013]

- FB15K[Bordes et al., 2013]

- FB15K237[Toutanova et al., 2015]

- WN11[Socher et al., 2013]

- WN18[Bordes et al., 2013]

- WN18RR[Dettmers et al., 2018]

여러 가지 오픈소스 데이터셋을 포함하는 저장소는 다음과 같다.

- **네트워크 저장소**
  시각화와 마이닝 도구가 있는 네트워크 데이터 저장소
  http://networkrepository.com

- **그래프 커널 데이터셋**
  그래프 커널에 대한 벤치마크 데이터셋
  https://ls11-www.cs.tu-dortmund.de/staff/morris/graphkerneldatasets

- **관계형 데이터셋 저장소**

  관계형 머신러닝의 성장을 도와주는 곳

  https://relational.fit.cvut.cz

- **스탠퍼드 대규모 네트워크 데이터셋 모음**

  SNAP 도서관은 대규모 소셜 및 정보 네트워크를 연구하기 위해 개발됨

  https://snap.stanford.edu/data/

- **오픈 그래프 벤치마크**

  오픈 그래프 벤치마크[OGB, Open Graph Benchmark]는 그래프 머신러닝에 대한 벤치마크 데이터셋, 데이터 로더, 평가 방법 등을 모아놓았다.

  https://ogb.stanford.edu/

15.2 구현

먼저, 표 15.1에서 그래프 계산 코드를 제공하는 플랫폼을 소개한다.

그리고 표 15.2에서 유명한 GNN 모델이 구현된 오픈소스 하이퍼링크를

표 15.1 그래프 계산 코드

플랫폼	링크	참조
PyTorch Geometric	https://github.com/rusty1s/pytorch_geometric	[Fey and Lenssen, 2019]
Deep Graph Library	https://github.com/dmlc/dgl	[Wang et al., 2019a]
AliGraph	https://github.com/alibaba/aligraph	[Zhu et al., 2019b]
GraphVite	https://github.com/DeepGraphLearning/graphvite	[Zhu et al., 2019c]
Paddle Graph Learning	https://github.com/PaddlePaddle/PGL	
Euler	https://github.com/alibaba/euler	
Plato	https://github.com/tencent/plato	
CogDL	https://github.com/THUDM/cogdl/	

표 15.2 GNN 모델의 오픈소스 구현

모델	링크
GGNN(2015)	https://github.com/yujiali/ggnn
Neurals FPs(2015)	https://github.com/HIPS/neural-fingerprint
ChebNet(2016)	https://github.com/mdeff/cnn_graph
DNGR(2016)	https://github.com/ShelsonCao/DNGR
SDNE(2016)	https://github.com/suanrong/SDNE
GAE(2016)	https://github.com/limaosen0/Variational-Graph-Auto-Encoders
DRNE(2016)	https://github.com/tadpole/DRNE
Structural RNN(2016)	https://github.com/asheshjain399/RNNexp
DCNN(2016)	https://github.com/jcatw/dcnn
GCN(2017)	https://github.com/tkipf/gcn
CayleyNet(2017)	https://github.com/amoliu/CayleyNet
GraphSAGE(2017)	https://github.com/williamleif/GraphSAGE
GAT(2017)	https://github.com/PetarV-/GAT
CLN(2017)	https://github.com/trangptm/Column_networks
ECC(2017)	https://github.com/mys007/ecc
MPNNs(2017)	https://github.com/brain-research/mpnn
MoNet(2017)	https://github.com/pierrebaque/GeometricConvolutionsBench
JK-Net(2018)	https://github.com/ShinKyuY/Representation_Learning_on_Graphs_with_Jumping_Knowledge_Networks
SSE(2018)	https://github.com/Hanjun-Dai/steady_state_embedding
LGCN(2018)	https://github.com/divelab/lgcn/
FastGCN(2018)	https://github.com/matenure/FastGCN
DiffPool(2018)	https://github.com/RexYing/diffpool
GraphRNN(2018)	https://github.com/snap-stanford/GraphRNN
MolGAN(2018)	https://github.com/nicola-decao/MolGAN
NetGAN(2018)	https://github.com/danielzuegner/netgan
DCRNN(2018)	https://github.com/liyaguang/DCRNN
ST-GCN(2018)	https://github.com/yysijie/st-gcn
RGCN(2018)	https://github.com/tkipf/relational-gcn
AS-GCN(2018)	https://github.com/huangwb/AS-GCN
DGCN(2018)	https://github.com/ZhuangCY/DGCN
GaAN(2018)	https://github.com/jennyzhang0215/GaAN
DGI(2019)	https://github.com/PetarV-/DGI
GraphWaveNet(2019)	https://github.com/nnzhan/Graph-WaveNet
HAN(2019)	https://github.com/Jhy1993/HAN

나열한다.

연구 분야가 빠르게 성장하고 있기 때문에 독자들에게 저자들의 최신 연구 결과를 기록하고 있는 저장소(https://github.com/thunlp/gnnpapers)도 함께 공유한다.

16

결론

GNN은 다양한 분야에서 큰 성공을 거뒀지만 GNN 모델이 어떤 조건, 어떤 그래프에서든지 항상 만족할 만한 해법을 제공하진 못하고 있다. 16장에서는 더욱 연구가 필요한 문제들을 소개한다.

얕은 구조 shallow structure 전형적인 DNN은 수백 개의 층을 쌓아서 더 뛰어난 성능을 얻어낸다. 왜냐하면 많은 층은 더 많은 파라미터를 갖게 되고 표현 능력이 크게 증가하기 때문이다. 하지만 GNN은 대부분 3개 이하로 층을 얕게 쌓는다. 리 외[Li et al., 2018a]의 실험에서 보였듯이, 너무 많은 GCN 층을 쌓으면 모든 점이 한 값으로 수렴하는 오버 스무딩 이슈가 발생한다. 일부 연구자들이 이 문제를 해결하려고 많이 노력했지만[Li et al., 2018a, 2016] 아직까지 큰 한계로 남아 있다. GNN을 깊게 쌓는 설계는 향후 연구에 있어 흥미로운 과제이며 GNN을 이해하는 데 상당한 기여를 할 것이다.

동적 그래프 dynamic graph 또 다른 어려운 문제는 동적 구조를 갖는 그래프를 다루는 것이다. 정적 그래프는 변하지 않기 때문에 비교적 모델링하기 편하지만, 동적 그래프는 구조가 변한다고 가정한다. 선이나 점이 사라질 수도 새로 생길 수도 있기 때문에 기존의 GNN을 적용할 수 없다. 동적 GNN에 대한 연구는 활발히 진행되고 있기에 일반적인 GNN의 안정성과 적응력에 큰 이정표가 될 것으로 기대한다.

비구조적 시나리오non-structural scenario 이미 앞에서 GNN의 비구조적 시나리오에 대한 응용을 소개하긴 했지만 원 데이터에서 그래프를 생성할 수 있는 최적의 방법은 발견하지 못했다. 이미지 영역에서 일부 연구는 CNN을 활용해 특징 맵을 얻고 업샘플링을 통해 노드를 슈퍼픽셀로 만들지만 [Liang et al., 2016], 다른 연구는 객체 노드를 얻기 위해 객체 검출 알고리듬을 직접 사용한다. 언어 영역[Chen et al., 2018c]에서 일부 연구는 구문 트리를 구문 그래프로 사용하기도 하지만 다른 연구는 완전히 연결된 그래프를 사용한다. 따라서 그래프를 어떻게 적용할지에 대한 접근법이 더 연구되면 GNN을 적용할 수 있는 분야 또한 더 늘어날 것이다.

확장성scalability 거의 모든 그래프 기반 임베딩 알고리듬은 소셜 네트워크나 추천 시스템 같은 웹 스케일 환경에 적용할 때 치명적인 문제가 있으며 GNN도 예외는 아니다. 빅데이터 환경에서 많은 핵심 단계가 큰 계산을 필요로 하기 때문에 GNN의 크기를 키우는 것은 어렵다. 이 현상에 대한 몇 가지 예제가 있다. 먼저 그래프 데이터는 유클리디안이 아니기 때문에 각 노드는 그들의 이웃을 갖고 있고 따라서 배치를 적용하기 힘들다. 그래서 수백만 개의 노드와 에지에 대해 그래프 라플라시안을 구할 수 없다. 또한 확장하는 것이 알고리듬을 실제로 사용하는 데 도움이 되는지 판단해야 한다. 몇몇 연구에서 이 문제에 대한 해결을 제시했고 [Ying et al., 2018a], 최근 연구들도 이 방향에 많은 관심을 보이고 있다.

결론적으로 그래프 신경망은 그래프를 다루는 머신러닝 과제를 위한 강력하고 실용적인 도구가 됐다. 이런 발전은 표현력, 유연성, 학습 알고리듬의 발전 덕분이다. 이 책에서는 그래프 신경망을 자세히 소개했다. 기본적인 GNN 모델과 그 변형인 그래프 합성곱, 그래프 순환 네트워크, 그래프 어텐션 네트워크, 그래프 잔차 네트워크 등을 소개했다. 더 나아가 여러 변형을 통합하는 일반적인 프레임워크도 소개했다. 적용되는 범위와 관련해서는 구조적 시나리오, 비구조적 시나리오, 그 외 시나리오로 나누고 각 시나리오에서 어떻게 응용되는지 자세히 소개했다. 마지막으로 모델의 깊이, 확장성, 동적 그래프 처리 능력, 비구조적 시나리오 등 그래프 신경망의 주요 과제와 향후 연구 방향 네 가지를 제안했다.

F. Alet, A. K. Jeewajee, M. Bauza, A. Rodriguez, T. Lozano-Perez, and L. P. Kaelbling. 2019. Graph element networks: Adaptive, structured computation and memory. In *Proc. of ICML*. 68

M. Allamanis, M. Brockschmidt, and M. Khademi. 2018. Learning to represent programs with graphs. In *Proc. of ICLR*. 75

G. Angeli and C. D. Manning. 2014. Naturalli: Natural logic inference for common sense reasoning. In *Proc. of EMNLP*, pages 534 – 545. DOI: 10.3115/v1/d14-1059 81

J. Atwood and D. Towsley. 2016. Diffusion-convolutional neural networks. In *Proc. of NIPS*, pages 1993 – 2001. 2, 26, 30, 78

D. Bahdanau, K. Cho, and Y. Bengio. 2015. Neural machine translation by jointly learning to align and translate. In *Proc. of ICLR*. 39

J. Bastings, I. Titov, W. Aziz, D. Marcheggiani, and K. Simaan. 2017. Graph convolutional encoders for syntax-aware neural machine translation. In *Proc. of EMNLP*, pages 1957 – 1967. DOI: 10.18653/v1/d17-1209 79

P. Battaglia, R. Pascanu, M. Lai, D. J. Rezende, et al. 2016. Interaction networks for learning about objects, relations and physics. In *Proc. of NIPS*, pages 4502 – 4510. 1, 59, 63, 67, 81

P. W. Battaglia, J. B. Hamrick, V. Bapst, A. Sanchez-Gonzalez, V. Zambaldi, M. Malinowski, A. Tacchetti, D. Raposo, A. Santoro, R. Faulkner, et al. 2018. Relational inductive biases, deep learning, and graph networks. *ArXiv Preprint ArXiv:1806.01261*. 3, 59, 62, 63, 64

D. Beck, G. Haffari, and T. Cohn. 2018. Graph-to-sequence learning using gated graph neural networks. In *Proc. of ACL*, pages 273 – 283. DOI: 10.18653/v1/p18-1026 49, 79, 81

I. Bello, H. Pham, Q. V. Le, M. Norouzi, and S. Bengio. 2017. Neural combinatorial optimization with reinforcement learning. In *Proc. of*

ICLR. 84

Y. Bengio, P. Simard, P. Frasconi, et al. 1994. Learning long-term dependencies with gradient descent is difficult. *IEEE TNN*, 5(2):157 – 166. DOI: 10.1109/72.279181 17

M. Berlingerio, M. Coscia, and F. Giannotti. 2011. Finding redundant and complementary communities in multidimensional networks. In *Proc. of CIKM*, pages 2181 – 2184. ACM. DOI: 10.1145/2063576.2063921 52

A. Bordes, N. Usunier, A. Garcia-Duran, J. Weston, and O. Yakhnenko. 2013. Translating embeddings for modeling multi-relational data. In *Proc. of NIPS*, pages 2787 – 2795. 87, 88

K. M. Borgwardt, C. S. Ong, S. Schönauer, S. Vishwanathan, A. J. Smola, and H.-P. Kriegel. 2005. Protein function prediction via graph kernels. *Bioinformatics*, 21(suppl_1):i47 – i56. DOI: 10.1093/bioinformatics/bti1007 87

D. Boscaini, J. Masci, E. Rodolà, and M. Bronstein. Learning shape correspondence with anisotropic convolutional neural networks. In *Proc. of NIPS*, pages 3189 – 3197. 2, 30

J. Bradshaw, M. J. Kusner, B. Paige, M. H. Segler, and J. M. Hernández-Lobato. 2019. A generative model for electron paths. In *Proc. of ICLR*. 70

M. Brockschmidt, M. Allamanis, A. L. Gaunt, and O. Polozov. 2019. Generative code modeling with graphs. In *Proc. of ICLR*. 84

M. M. Bronstein, J. Bruna, Y. LeCun, A. Szlam, and P. Vandergheynst. 2017. Geometric deep learning: going beyond euclidean data. *IEEE SPM*, 34(4):18 – 42. DOI: 10.1109/msp.2017.2693418 2

J. Bruna, W. Zaremba, A. Szlam, and Y. Lecun. 2014. Spectral networks and locally connected networks on graphs. In *Proc. of ICLR*. 23, 59

A. Buades, B. Coll, and J.-M. Morel. 2005. A non-local algorithm for image denoising. In *Proc. of CVPR*, 2:60 – 65. IEEE. DOI: 10.1109/cvpr.2005.38 60, 61

H. Cai, V. W. Zheng, and K. C.-C. Chang. 2018. A comprehensive survey of graph embedding: Problems, techniques, and applications. *IEEE TKDE*, 30(9):1616 – 1637. DOI: 10.1109/tkde.2018.2807452 2

S. Cao, W. Lu, and Q. Xu. 2016. Deep neural networks for learning graph representations. In *Proc. of AAAI*. 56

M. Chang, T. Ullman, A. Torralba, and J. B. Tenenbaum. 2017. A compositional object-based approach to learning physical dynamics. In *Proc. of ICLR*. 59, 63

J. Chen, T. Ma, and C. Xiao. 2018a. FastGCN: Fast learning with graph convolutional networks via importance sampling. In *Proc. of ICLR*. 54

J. Chen, J. Zhu, and L. Song. 2018b. Stochastic training of graph convolutional networks with variance reduction. In *Proc. of ICML*, pages 941 – 949. 55

X. Chen, L.-J. Li, L. Fei-Fei, and A. Gupta. 2018c. Iterative visual reasoning beyond convolutions. In *Proc. of CVPR*, pages 7239 – 7248. DOI: 10.1109/cvpr.2018.00756 77, 91

X. Chen, G. Yu, J. Wang, C. Domeniconi, Z. Li, and X. Zhang. 2019. Activehne: Active heterogeneous network embedding. In *Proc. of IJCAI*. DOI: 10.24963/ijcai.2019/294 48

J. Cheng, L. Dong, and M. Lapata. 2016. Long short-term memory-networks for machine reading. In *Proc. of EMNLP*, pages 551 – 561. DOI: 10.18653/v1/d16-1053 39

K. Cho, B. Van Merrienboer, C. Gulcehre, D. Bahdanau, F. Bougares, H. Schwenk, and Y. Bengio. 2014. Learning phrase representations using RNN encoder—decoder for statistical machine translation. In *Proc. of EMNLP*, pages 1724 – 1734. DOI: 10.3115/v1/d14-1179 17, 33, 60

F. R. Chung and F. C. Graham. 1997. *Spectral Graph Theory*. American Mathematical Society. DOI: 10.1090/cbms/092 1

P. Cui, X. Wang, J. Pei, and W. Zhu. 2018. A survey on network embedding. *IEEE TKDE*. DOI: 10.1109/TKDE.2018.2849727 2

H. Dai, B. Dai, and L. Song. 2016. Discriminative embeddings of latent variable models for structured data. In *Proc. of ICML*, pages 2702 – 2711. 59, 85

H. Dai, Z. Kozareva, B. Dai, A. Smola, and L. Song. 2018. Learning steady-states of iterative algorithms over graphs. In *Proc. of ICML*, pages 1114 – 1122. 55

N. De Cao and T. Kipf. 2018. MolGAN: An implicit generative model for small molecular graphs. *ICML Workshop on Theoretical Foundations and Applications of Deep Generative Models*. 83

A. K. Debnath, R. L. Lopez de Compadre, G. Debnath, A. J. Shusterman, and C. Hansch. 1991. Structure-activity relationship of mutagenic aromatic and heteroaromatic nitro compounds. Correlation with molecular orbital energies and hydrophobicity. *Journal of Medicinal Chemistry*, 34(2):786–797. DOI: 10.1021/jm00106a046 87

M. Defferrard, X. Bresson, and P. Vandergheynst. 2016. Convolutional neural networks on graphs with fast localized spectral filtering. In *Proc. of NIPS*, pages 3844–3852. 24, 59, 78

T. Dettmers, P. Minervini, P. Stenetorp, and S. Riedel. 2018. Convolutional 2D knowledge graph embeddings. In *Proc. of AAAI*. 71, 88

K. Do, T. Tran, and S. Venkatesh. 2019. Graph transformation policy network for chemical reaction prediction. In *Proc. of SIGKDD*, pages 750–760. ACM. DOI: 10.1145/3292500.3330958 70

P. D. Dobson and A. J. Doig. 2003. Distinguishing enzyme structures from non-enzymes without alignments. *Journal of Molecular Biology*, 330(4):771–783. DOI: 10.1016/s0022-2836(03)00628-4 87

D. K. Duvenaud, D. Maclaurin, J. Aguileraiparraguirre, R. Gomezbombarelli, T. D. Hirzel, A. Aspuruguzik, and R. P. Adams. 2015. Convolutional networks on graphs for learning molecular fingerprints. In *Proc. of NIPS*, pages 2224–2232. 25, 59, 68

W. Fan, Y. Ma, Q. Li, Y. He, E. Zhao, J. Tang, and D. Yin. 2019. Graph neural networks for social recommendation. In *Proc. of WWW*, pages 417–426. ACM. DOI: 10.1145/3308558.3313488 74

M. Fey and J. E. Lenssen. 2019. Fast graph representation learning with PyTorch Geometric. In *ICLR Workshop on Representation Learning on Graphs and Manifolds*. 89

A. Fout, J. Byrd, B. Shariat, and A. Ben-Hur. 2017. Protein interface prediction using graph convolutional networks. In *Proc. of NIPS*, pages 6530–6539. 1, 70

H. Gao, Z. Wang, and S. Ji. 2018. Large-scale learnable graph convolutional networks. In *Proc. of SIGKDD*, pages 1416–1424. ACM. DOI: 10.1145/3219819.3219947 29

V. Garcia and J. Bruna. 2018. Few-shot learning with graph neural networks. In *Proc. of ICLR*. 76

J. Gehring, M. Auli, D. Grangier, and Y. N. Dauphin. 2017. A convolutional encoder model for neural machine translation. In *Proc. of ACL*, 1:123 – 135. DOI: 10.18653/v1/p17-1012 39

J. Gilmer, S. S. Schoenholz, P. F. Riley, O. Vinyals, and G. E. Dahl. 2017. Neural message passing for quantum chemistry. In *Proc. of ICML*, pages 1263 – 1272. 3, 59, 60, 62, 63, 64

M. Gori, G. Monfardini, and F. Scarselli. 2005. A new model for learning in graph domains. In *Proc. of IJCNN*, pages 729 – 734. DOI: 10.1109/ijcnn.2005.1555942 19

P. Goyal and E. Ferrara. 2018. Graph embedding techniques, applications, and performance: A survey. *Knowledge-Based Systems*, 151:78 – 94. DOI: 10.1016/j.knosys.2018.03.022 2

J. L. Gross and J. Yellen. 2004. *Handbook of Graph Theory*. CRC Press. DOI: 10.1201/9780203490204 49

A. Grover and J. Leskovec. 2016. node2vec: Scalable feature learning for networks. In *Proc. of SIGKDD*, pages 855 – 864. ACM. DOI: 10.1145/2939672.2939754 2

A. Grover, A. Zweig, and S. Ermon. 2019. Graphite: Iterative generative modeling of graphs. In *Proc. of ICML*. 84

J. Gu, H. Hu, L. Wang, Y. Wei, and J. Dai. 2018. Learning region features for object detection. In *Proc. of ECCV*, pages 381 – 395. DOI: 10.1007/978-3-030-01258-8_24 77

T. Hamaguchi, H. Oiwa, M. Shimbo, and Y. Matsumoto. 2017. Knowledge transfer for outof-knowledge-base entities: A graph neural network approach. In *Proc. of IJCAI*, pages 1802 – 1808. DOI: 10.24963/ijcai.2017/250 1, 72

W. L. Hamilton, R. Ying, and J. Leskovec. 2017a. Representation learning on graphs: Methods and applications. *IEEE Data(base) Engineering Bulletin*, 40:52 – 74. 2

W. L. Hamilton, Z. Ying, and J. Leskovec. 2017b. Inductive representation learning on large graphs. In *Proc. of NIPS*, pages 1024 – 1034. 1, 31, 32, 53, 67, 74, 78

W. L. Hamilton, J. Zhang, C. Danescu-Niculescu-Mizil, D. Jurafsky, and

J. Leskovec. 2017c. Loyalty in online communities. In *Proc. of ICWSM*. 87

D. K. Hammond, P. Vandergheynst, and R. Gribonval. 2011. Wavelets on graphs via spectral graph theory. *Applied and Computational Harmonic Analysis*, 30(2):129 – 150. DOI: 10.1016/j.acha.2010.04.005 24

J. B. Hamrick, K. Allen, V. Bapst, T. Zhu, K. R. Mckee, J. B. Tenenbaum, and P. Battaglia. 2018. Relational inductive bias for physical construction in humans and machines. *Cognitive Science*. 63

K. He, X. Zhang, S. Ren, and J. Sun. 2016a. Deep residual learning for image recognition. In *Proc. of CVPR*, pages 770 – 778. DOI: 10.1109/cvpr.2016.90 43, 61

K. He, X. Zhang, S. Ren, and J. Sun. 2016b. Identity mappings in deep residual networks. In *Proc. of ECCV*, pages 630 – 645. Springer. DOI: 10.1007/978-3-319-46493-0_38 31, 45

M. Henaff, J. Bruna, and Y. Lecun. 2015. Deep convolutional networks on graph-structured data. *ArXiv: Preprint, ArXiv:1506.05163*. 23, 78

S. Hochreiter and J. Schmidhuber. 1997. Long short-term memory. *Neural Computation*, 9(8):1735 – 1780. DOI: 10.1162/neco.1997.9.8.1735 17, 33

S. Hochreiter, Y. Bengio, P. Frasconi, J. Schmidhuber, et al., 2001. Gradient flow in recurrent nets: The difficulty of learning long-term dependencies. *A Field Guide to Dynamical Recurrent Neural Networks*. IEEE Press. 17

Y. Hoshen. 2017. Vain: Attentional multi-agent predictive modeling. In *Proc. of NIPS*, pages 2701 – 2711. 59, 60, 67, 75

H. Hu, J. Gu, Z. Zhang, J. Dai, and Y. Wei. 2018. Relation networks for object detection. In *Proc. of CVPR*, pages 3588 – 3597. DOI: 10.1109/cvpr.2018.00378 77

G. Huang, Z. Liu, L. Van Der Maaten, and K. Q. Weinberger. 2017. Densely connected convolutional networks. In *Proc. of CVPR*, pages 4700 – 4708. DOI: 10.1109/cvpr.2017.243 45

W. Huang, T. Zhang, Y. Rong, and J. Huang. 2018. Adaptive sampling towards fast graph representation learning. In *Proc. of NeurIPS*, pages 4563 – 4572. 54

T. J. Hughes. 2012. *The Finite Element Method: Linear Static and Dynamic Finite Element Analysis*. Courier Corporation. 68

A. Jain, A. R. Zamir, S. Savarese, and A. Saxena. 2016. Structural-RNN: Deep learning on spatio-temporal graphs. In *Proc. of CVPR*, pages 5308–5317. DOI: 10.1109/cvpr.2016.573 51, 77

W. Jin, R. Barzilay, and T. Jaakkola. 2018. Junction tree variational autoencoder for molecular graph generation. In *Proc. of ICML*. 69

W. Jin, K. Yang, R. Barzilay, and T. Jaakkola. 2019. Learning multimodal graph-to-graph translation for molecular optimization. In *Proc. of ICLR*. 69

M. Kampffmeyer, Y. Chen, X. Liang, H. Wang, Y. Zhang, and E. P. Xing. 2019. Rethinking knowledge graph propagation for zero-shot learning. In *Proc. of CVPR*. DOI: 10.1109/cvpr.2019.01175 47, 75, 76

S. Kearnes, K. McCloskey, M. Berndl, V. Pande, and P. Riley. 2016. Molecular graph convolutions: Moving beyond fingerprints. *Journal of Computer-Aided Molecular Design*, 30(8):595–608. DOI: 10.1007/s10822-016-9938-8 59, 69

E. Khalil, H. Dai, Y. Zhang, B. Dilkina, and L. Song. 2017. Learning combinatorial optimization algorithms over graphs. In *Proc. of NIPS*, pages 6348–6358. 1, 59, 85

M. A. Khamsi and W. A. Kirk. 2011. *An Introduction to Metric Spaces and Fixed Point Theory*, volume 53. John Wiley & Sons. DOI: 10.1002/9781118033074 20

M. R. Khan and J. E. Blumenstock. 2019. Multi-GCN: Graph convolutional networks for multi-view networks, with applications to global poverty. *ArXiv Preprint ArXiv:1901.11213*. DOI: 10.1609/aaai.v33i01.3301606 52

T. Kipf, E. Fetaya, K. Wang, M. Welling, and R. S. Zemel. 2018. Neural relational inference for interacting systems. In *Proc. of ICML*, pages 2688–2697. 63, 67, 75

T. N. Kipf and M. Welling. 2016. Variational graph auto-encoders. In *Proc. of NIPS*. 56

T. N. Kipf and M. Welling. 2017. Semi-supervised classification with graph convolutional networks. In *Proc. of ICLR*. 1, 2, 24, 30, 31, 43, 48,

53, 59, 67, 78, 79

W. Kool, H. van Hoof, and M. Welling. 2019. Attention, learn to solve routing problems! In *Proc. of ICLR*. https://openreview.net/forum?id=ByxBFsRqYm 85

A. Krizhevsky, I. Sutskever, and G. E. Hinton. 2012. Imagenet classification with deep convolutional neural networks. In *Proc. of NIPS*, pages 1097 – 1105. DOI: 10.1145/3065386 17

L. Landrieu and M. Simonovsky. 2018. Large-scale point cloud semantic segmentation with superpoint graphs. In *Proc. of CVPR*, pages 4558 – 4567. DOI: 10.1109/cvpr.2018.00479 78

Y. LeCun, L. Bottou, Y. Bengio, and P. Haffner. 1998. Gradient-based learning applied to document recognition. *Proc. of the IEEE*, 86(11):2278 – 2324. DOI: 10.1109/5.726791 1, 17

Y. LeCun, Y. Bengio, and G. Hinton. 2015. Deep learning. *Nature*, 521(7553):436. DOI: 10.1038/nature14539 1

C. Lee, W. Fang, C. Yeh, and Y. F. Wang. 2018a. Multi-label zero-shot learning with structured knowledge graphs. In *Proc. of CVPR*, pages 1576 – 1585. DOI: 10.1109/cvpr.2018.00170 76

G.-H. Lee, W. Jin, D. Alvarez-Melis, and T. S. Jaakkola. 2019. Functional transparency for structured data: A game-theoretic approach. In *Proc. of ICML*. 69

J. B. Lee, R. A. Rossi, S. Kim, N. K. Ahmed, and E. Koh. 2018b. Attention models in graphs: A survey. *ArXiv Preprint ArXiv:1807.07984*. DOI: 10.1145/3363574 3

F. W. Levi. 1942. *Finite Geometrical Systems: Six Public Lectures Delivered in February, 1940, at the University of Calcutta*. The University of Calcutta. 49

G. Li, M. Muller, A. Thabet, and B. Ghanem. 2019. DeepGCNs: Can GCNs go as deep as CNNs? In *Proc. of ICCV*. 45, 46

Q. Li, Z. Han, and X.-M. Wu. 2018a. Deeper insights into graph convolutional networks for semi-supervised learning. In *Proc. of AAAI*. 55, 91

R. Li, S. Wang, F. Zhu, and J. Huang. 2018b. Adaptive graph convolutional neural networks. In *Proc. of AAAI*. 25

Y. Li, D. Tarlow, M. Brockschmidt, and R. S. Zemel. 2016. Gated graph sequence neural networks. In *Proc. of ICLR*. 22, 33, 59, 75, 91

Y. Li, O. Vinyals, C. Dyer, R. Pascanu, and P. Battaglia. 2018c. Learning deep generative models of graphs. In *Proc. of ICLR Workshop*. 83

Y. Li, R. Yu, C. Shahabi, and Y. Liu. 2018d. Diffusion convolutional recurrent neural network: Data-driven traffic forecasting. In *Proc. of ICLR*. DOI: 10.1109/trustcom/bigdatase.2019.00096 50

X. Liang, X. Shen, J. Feng, L. Lin, and S. Yan. 2016. Semantic object parsing with graph LSTM. In *Proc. of ECCV*, pages 125–143. DOI: 10.1007/978-3-319-46448-0_8 36, 77, 91

X. Liang, L. Lin, X. Shen, J. Feng, S. Yan, and E. P. Xing. 2017. Interpretable structure-evolving LSTM. In *Proc. of CVPR*, pages 2175–2184. DOI: 10.1109/cvpr.2017.234 78

X. Liu, Z. Luo, and H. Huang. 2018. Jointly multiple events extraction via attention-based graph information aggregation. In *Proc. of EMNLP*. DOI: 10.18653/v1/d18-1156 81

T. Ma, J. Chen, and C. Xiao. 2018. Constrained generation of semantically valid graphs via regularizing variational autoencoders. In *Proc. of NeurIPS*, pages 7113–7124. 83

Y. Ma, S. Wang, C. C. Aggarwal, D. Yin, and J. Tang. 2019. Multi-dimensional graph convolutional networks. In *Proc. of SDM*, pages 657–665. DOI: 10.1137/1.9781611975673.74 52

D. Marcheggiani and I. Titov. 2017. Encoding sentences with graph convolutional networks for semantic role labeling. In *Proc. of EMNLP*, pages 1506–1515. DOI: 10.18653/v1/d17-1159 79

D. Marcheggiani, J. Bastings, and I. Titov. 2018. Exploiting semantics in neural machine translation with graph convolutional networks. In *Proc. of NAACL*. DOI: 10.18653/v1/n18-2078 79

K. Marino, R. Salakhutdinov, and A. Gupta. 2017. The more you know: Using knowledge graphs for image classification. In *Proc. of CVPR*, pages 20–28. DOI: 10.1109/cvpr.2017.10 76

J. Masci, D. Boscaini, M. Bronstein, and P. Vandergheynst. 2015. Geodesic convolutional neural networks on Riemannian manifolds. In *Proc. of ICCV Workshops*, pages 37–45. DOI: 10.1109/iccvw.2015.112 2, 30

T. Mikolov, K. Chen, G. Corrado, and J. Dean. 2013. Efficient estimation of word representations in vector space. In *Proc. of ICLR*. 2

M. Miwa and M. Bansal. 2016. End-to-end relation extraction using LSTMs on sequences and tree structures. In *Proc. of ACL*, pages 1105 – 1116. DOI: 10.18653/v1/p16-1105 79

F. Monti, D. Boscaini, J. Masci, E. Rodola, J. Svoboda, and M. M. Bronstein. 2017. Geometric deep learning on graphs and manifolds using mixture model CNNs. In *Proc. of CVPR*, pages 5425 – 5434. DOI: 10.1109/cvpr.2017.576 2, 30, 73, 78

M. Narasimhan, S. Lazebnik, and A. G. Schwing. 2018. Out of the box: Reasoning with graph convolution nets for factual visual question answering. In *Proc. of NeurIPS*, pages 2654 – 2665. 77

D. Nathani, J. Chauhan, C. Sharma, and M. Kaul. 2019. Learning attention-based embeddings for relation prediction in knowledge graphs. In *Proc. of ACL*. DOI: 10.18653/v1/p19-1466 72

T. H. Nguyen and R. Grishman. 2018. Graph convolutional networks with argument-aware pooling for event detection. In *Proc. of AAAI*. 81

M. Niepert, M. Ahmed, and K. Kutzkov. 2016. Learning convolutional neural networks for graphs. In *Proc. of ICML*, pages 2014 – 2023. 26, 78

W. Norcliffebrown, S. Vafeias, and S. Parisot. 2018. Learning conditioned graph structures for interpretable visual question answering. In *Proc. of NeurIPS*, pages 8334 – 8343. 77

A. Nowak, S. Villar, A. S. Bandeira, and J. Bruna. 2018. Revised note on learning quadratic assignment with graph neural networks. In *Proc. of IEEE DSW*, pages 1 – 5. IEEE. DOI: 10.1109/dsw.2018.8439919 85

R. Palm, U. Paquet, and O. Winther. 2018. Recurrent relational networks. In *Proc. of NeurIPS*, pages 3368 – 3378. 81

S. Pan, R. Hu, G. Long, J. Jiang, L. Yao, and C. Zhang. 2018. Adversarially regularized graph autoencoder for graph embedding. In *Proc. of IJCAI*. DOI: 10.24963/ijcai.2018/362 56

E. E. Papalexakis, L. Akoglu, and D. Ience. 2013. Do more views of a graph help? Community detection and clustering in multi-graphs. In *Proc. of FUSION*, pages 899 – 905. IEEE. 52

H. Peng, J. Li, Y. He, Y. Liu, M. Bao, L. Wang, Y. Song, and Q. Yang. 2018. Large-scale hierarchical text classification with recursively regularized deep graph-CNN. In *Proc. of WWW*, pages 1063–1072. DOI: 10.1145/3178876.3186005 78

H. Peng, J. Li, Q. Gong, Y. Song, Y. Ning, K. Lai, and P. S. Yu. 2019. Fine-grained event categorization with heterogeneous graph convolutional networks. In *Proc. of IJCAI*. DOI: 10.24963/ijcai.2019/449 48

N. Peng, H. Poon, C. Quirk, K. Toutanova, and W.-t. Yih. 2017. Cross-sentence N-ary relation extraction with graph LSTMs. *TACL*, 5:101–115. DOI: 10.1162/tacl_a_00049 35, 80

B. Perozzi, R. Al-Rfou, and S. Skiena. 2014. Deepwalk: Online learning of social representations. In *Proc. of SIGKDD*, pages 701–710. ACM. DOI: 10.1145/2623330.2623732 2

T. Pham, T. Tran, D. Phung, and S. Venkatesh. 2017. Column networks for collective classification. In *Proc. of AAAI*. 43

M. Prates, P. H. Avelar, H. Lemos, L. C. Lamb, and M. Y. Vardi. 2019. Learning to solve NP-complete problems: A graph neural network for decision TSP. In *Proc. of AAAI*, 33:4731–4738. DOI: 10.1609/aaai.v33i01.33014731 85

C. R. Qi, H. Su, K. Mo, and L. J. Guibas. 2017a. PointNet: Deep learning on point sets for 3D classification and segmentation. In *Proc. of CVPR*, 1(2):4. DOI: 10.1109/cvpr.2017.16 59

S. Qi, W. Wang, B. Jia, J. Shen, and S.-C. Zhu. 2018. Learning human-object interactions by graph parsing neural networks. In *Proc. of ECCV*, pages 401–417. DOI: 10.1007/978-3-030-01240-3_25 77

X. Qi, R. Liao, J. Jia, S. Fidler, and R. Urtasun. 2017b. 3D graph neural networks for RGBD semantic segmentation. In *Proc. of CVPR*, pages 5199–5208. DOI: 10.1109/iccv.2017.556 78

A. Rahimi, T. Cohn, and T. Baldwin. 2018. Semi-supervised user geolocation via graph convolutional networks. In *Proc. of ACL*, 1:2009–2019. DOI: 10.18653/v1/p18-1187 43, 67

D. Raposo, A. Santoro, D. G. T. Barrett, R. Pascanu, T. P. Lillicrap, and P. Battaglia. 2017. Discovering objects and their relations from entangled scene representations. In *Proc. of ICLR*. 59, 64

S. Rhee, S. Seo, and S. Kim. 2018. Hybrid approach of relation network and localized graph convolutional filtering for breast cancer subtype classification. In *Proc. of IJCAI*. DOI: 10.24963/ijcai.2018/490 70

O. Russakovsky, J. Deng, H. Su, J. Krause, S. Satheesh, S. Ma, Z. Huang, A. Karpathy, A. Khosla, M. Bernstein, et al. 2015. ImageNet large scale visual recognition challenge. In *Proc. of IJCV*, 115(3):211−252. DOI: 10.1007/s11263-015-0816-y 75

A. Sanchez, N. Heess, J. T. Springenberg, J. Merel, R. Hadsell, M. A. Riedmiller, and P. Battaglia. 2018. Graph networks as learnable physics engines for inference and control. In *Proc. of ICLR*, pages 4467−4476. 1, 63, 64, 67

A. Santoro, D. Raposo, D. G. Barrett, M. Malinowski, R. Pascanu, P. Battaglia, and T. Lillicrap. 2017. A simple neural network module for relational reasoning. In *Proc. of NIPS*, pages 4967−4976. 59, 63, 81

F. Scarselli, A. C. Tsoi, M. Gori, and M. Hagenbuchner. 2004. Graphical-based learning environments for pattern recognition. In *Proc. of Joint IAPR International Workshops on SPR and SSPR*, pages 42−56. DOI: 10.1007/978-3-540-27868-9_4 19

F. Scarselli, M. Gori, A. C. Tsoi, M. Hagenbuchner, and G. Monfardini. 2009. The graph neural network model. *IEEE TNN*, pages 61−80. DOI: 10.1109/tnn.2008.2005605 19, 20, 47, 62

M. Schlichtkrull, T. N. Kipf, P. Bloem, R. van den Berg, I. Titov, and M. Welling. 2018. Modeling relational data with graph convolutional networks. In *Proc. of ESWC*, pages 593−607. Springer. DOI: 10.1007/978-3-319-93417-4_38 22, 50, 71

K. T. Schütt, F. Arbabzadah, S. Chmiela, K. R. Müller, and A. Tkatchenko. 2017. Quantum-chemical insights from deep tensor neural networks. *Nature Communications*, 8:13890. DOI: 10.1038/ncomms13890 59

C. Shang, Y. Tang, J. Huang, J. Bi, X. He, and B. Zhou. 2019a. End-to-end structure-aware convolutional networks for knowledge base completion. In *Proc. of AAAI*, 33:3060−3067. DOI: 10.1609/aaai.v33i01.33013060 71

J. Shang, T. Ma, C. Xiao, and J. Sun. 2019b. Pre-training of graph augmented transformers for medication recommendation. In *Proc. of IJCAI*. DOI: 10.24963/ijcai.2019/825 70

J. Shang, C. Xiao, T. Ma, H. Li, and J. Sun. 2019c. GameNet: Graph augmented memory networks for recommending medication combination. In *Proc. of AAAI*, 33:1126–1133. DOI: 10.1609/aaai.v33i01.33011126 70

O. Shchur, D. Zugner, A. Bojchevski, and S. Gunnemann. 2018. NetGAN: Generating graphs via random walks. In *Proc. of ICML*, pages 609–618. 83

M. Simonovsky and N. Komodakis. 2017. Dynamic edge-conditioned filters in convolutional neural networks on graphs. In *Proc. CVPR*, pages 3693–3702. DOI: 10.1109/cvpr.2017.11 55

K. Simonyan and A. Zisserman. 2014. Very deep convolutional networks for large-scale image recognition. *ArXiv Preprint ArXiv:1409.1556*. 17

R. Socher, D. Chen, C. D. Manning, and A. Ng. 2013. Reasoning with neural tensor networks for knowledge base completion. In *Proc. of NIPS*, pages 926–934. 87, 88

L. Song, Z. Wang, M. Yu, Y. Zhang, R. Florian, and D. Gildea. 2018a. Exploring graph-structured passage representation for multi-hop reading comprehension with graph neural networks. A*rXiv Preprint ArXiv:1809.02040*. 81

L. Song, Y. Zhang, Z. Wang, and D. Gildea. 2018b. A graph-to-sequence model for AMR-to-text generation. In *Proc. of ACL*, pages 1616–1626. DOI: 10.18653/v1/p18-1150 81

L. Song, Y. Zhang, Z. Wang, and D. Gildea. 2018c. N-ary relation extraction using graph state LSTM. In *Proc. of EMNLP*, pages 2226–2235. DOI: 10.18653/v1/d18-1246 80

S. Sukhbaatar, R. Fergus, et al. 2016. Learning multiagent communication with backpropagation. In *Proc. of NIPS*, pages 2244–2252. 59, 67, 75

Y. Sun, N. Bui, T.-Y. Hsieh, and V. Honavar. 2018. Multi-view network embedding via graph factorization clustering and co-regularized multi-view agreement. In *IEEE ICDMW*, pages 1006–1013. DOI: 10.1109/icdmw.2018.00145 52

R. S. Sutton and A. G. Barto. 2018. *Reinforcement Learning: An Introduction*. MIT Press. DOI: 10.1109/tnn.1998.712192 85

C. Szegedy, W. Liu, Y. Jia, P. Sermanet, S. Reed, D. Anguelov, D. Erhan, V.

Vanhoucke, and A. Rabinovich. 2015. Going deeper with convolutions. In *Proc. of CVPR*, pages 1 - 9. DOI: 10.1109/cvpr.2015.7298594 17

K. S. Tai, R. Socher, and C. D. Manning. 2015. Improved semantic representations from tree-structured long short-term memory networks. In *Proc. of IJCNLP*, pages 1556 - 1566. DOI: 10.3115/v1/p15-1150 34, 78, 81

J. Tang, J. Zhang, L. Yao, J. Li, L. Zhang, and Z. Su. 2008. Arnetminer: Extraction and mining of academic social networks. In *Proc. of SIGKDD*, pages 990 - 998. DOI: 10.1145/1401890.1402008 87

J. Tang, M. Qu, M. Wang, M. Zhang, J. Yan, and Q. Mei. 2015. Line: Large-scale information network embedding. In *Proc. of WWW*, pages 1067 - 1077. DOI: 10.1145/2736277.2741093 2

D. Teney, L. Liu, and A. V. Den Hengel. 2017. Graph-structured representations for visual question answering. In *Proc. of CVPR*, pages 3233 - 3241. DOI: 10.1109/cvpr.2017.344 77

H. Toivonen, A. Srinivasan, R. D. King, S. Kramer, and C. Helma. 2003. Statistical evaluation of the predictive toxicology challenge 2000 - 2001. *Bioinformatics*, 19(10):1183 - 1193. DOI: 10.1093/bioinformatics/btg130 87

C. Tomasi and R. Manduchi. 1998. Bilateral filtering for gray and color images. In *Computer Vision*, pages 839 - 846. IEEE. DOI: 10.1109/iccv.1998.710815 61

K. Toutanova, D. Chen, P. Pantel, H. Poon, P. Choudhury, and M. Gamon. 2015. Representing text for joint embedding of text and knowledge bases. In *Proc. of EMNLP*, pages 1499 - 1509. DOI: 10.18653/v1/d15-1174 87

K. Tu, P. Cui, X. Wang, P. S. Yu, and W. Zhu. 2018. Deep recursive network embedding with regular equivalence. In *Proc. of SIGKDD*. DOI: 10.1145/3219819.3220068 56

R. van den Berg, T. N. Kipf, and M. Welling. 2017. Graph convolutional matrix completion. In *Proc. of SIGKDD*. 56, 67, 74

A. Vaswani, N. Shazeer, N. Parmar, L. Jones, J. Uszkoreit, A. N. Gomez, and L. Kaiser. 2017. Attention is all you need. In *Proc. of NIPS*, pages 5998 - 6008. 36, 39, 59, 60, 61, 79

P. Velickovic, G. Cucurull, A. Casanova, A. Romero, P. Lio, and Y. Bengio. 2018. Graph attention networks. In *Proc. of ICLR*. 39, 40, 59, 60, 78

P. Veličković, W. Fedus, W. L. Hamilton, P. Liò, Y. Bengio, and R. D. Hjelm. 2019. Deep graph infomax. In *Proc. of ICLR*. 56

O. Vinyals, M. Fortunato, and N. Jaitly. 2015. Pointer networks. In *Proc. of NIPS*, pages 2692 – 2700. 84

N. Wale, I. A. Watson, and G. Karypis. 2008. Comparison of descriptor spaces for chemical compound retrieval and classification. *Knowledge and Information Systems*, 14(3):347 – 375. DOI: 10.1007/s10115-007-0103-5 87

D. Wang, P. Cui, and W. Zhu. 2016. Structural deep network embedding. In *Proc. of SIGKDD*. DOI: 10.1145/2939672.2939753 56

P. Wang, J. Han, C. Li, and R. Pan. 2019a. Logic attention based neighborhood aggregation for inductive knowledge graph embedding. In *Proc. of AAAI*, 33:7152 – 7159. DOI: 10.1609/aaai.v33i01.33017152 72, 89

T. Wang, R. Liao, J. Ba, and S. Fidler. 2018a. NerveNet: Learning structured policy with graph neural networks. In *Proc. of ICLR*. 63

X. Wang, R. Girshick, A. Gupta, and K. He. 2018b. Non-local neural networks. In *Proc. of CVPR*, pages 7794 – 7803. DOI: 10.1109/cvpr.2018.00813 3, 59, 60, 61, 62, 64

X. Wang, Y. Ye, and A. Gupta. 2018c. Zero-shot recognition via semantic embeddings and knowledge graphs. In *Proc. of CVPR*, pages 6857 – 6866. DOI: 10.1109/cvpr.2018.00717 75, 76

X. Wang, H. Ji, C. Shi, B. Wang, Y. Ye, P. Cui, and P. S. Yu. 2019b. Heterogeneous graph attention network. In *Proc. of WWW*. DOI: 10.1145/3308558.3313562 48

Y. Wang, Y. Sun, Z. Liu, S. E. Sarma, M. M. Bronstein, and J. M. Solomon. 2018d. Dynamic graph CNN for learning on point clouds. *ArXiv Preprint ArXiv:1801.07829*. DOI: 10.1145/3326362 78

Z. Wang, T. Chen, J. S. J. Ren, W. Yu, H. Cheng, and L. Lin. 2018e. Deep reasoning with knowledge graph for social relationship understanding. In *Proc. of IJCAI*, pages 1021 – 1028. DOI: 10.24963/ijcai.2018/142 77

Z. Wang, Q. Lv, X. Lan, and Y. Zhang. 2018f. Cross-lingual knowledge graph alignment via graph convolutional networks. In *Proc. of EMNLP*, pages 349–357. DOI: 10.18653/v1/d18-1032 72

N. Watters, D. Zoran, T. Weber, P. Battaglia, R. Pascanu, and A. Tacchetti. 2017. Visual interaction networks: Learning a physics simulator from video. In *Proc. of NIPS*, pages 4539–4547. 59, 67

L. Wu, P. Sun, Y. Fu, R. Hong, X. Wang, and M. Wang. 2019a. A neural influence diffusion model for social recommendation. In *Proc. of SIGIR*. DOI: 10.1145/3331184.3331214 74

Q. Wu, H. Zhang, X. Gao, P. He, P. Weng, H. Gao, and G. Chen. 2019b. Dual graph attention networks for deep latent representation of multifaceted social effects in recommender systems. In *Proc. of WWW*, pages 2091–2102. ACM. DOI: 10.1145/3308558.3313442 74

Z. Wu, S. Pan, F. Chen, G. Long, C. Zhang, and P. S. Yu. 2019c. A comprehensive survey on graph neural networks. *ArXiv Preprint ArXiv:1901.00596*. 3

Z. Wu, S. Pan, G. Long, J. Jiang, and C. Zhang. 2019d. Graph waveNet for deep spatial-temporal graph modeling. *ArXiv Preprint ArXiv:1906.00121*. DOI: 10.24963/ijcai.2019/264 51

K. Xu, C. Li, Y. Tian, T. Sonobe, K. Kawarabayashi, and S. Jegelka. 2018. Representation learning on graphs with jumping knowledge networks. In *Proc. of ICML*, pages 5449–5458. 43, 44

K. Xu, L. Wang, M. Yu, Y. Feng, Y. Song, Z. Wang, and D. Yu. 2019a. Cross-lingual knowledge graph alignment via graph matching neural network. In *Proc. of ACL*. DOI: 10.18653/v1/p19-1304 72

N. Xu, P. Wang, L. Chen, J. Tao, and J. Zhao. 2019b. Mr-GNN: Multi-resolution and dual graph neural network for predicting structured entity interactions. In *Proc. of IJCAI*. DOI: 10.24963/ijcai.2019/551 70

S. Yan, Y. Xiong, and D. Lin. 2018. Spatial temporal graph convolutional networks for skeleton-based action recognition. In *Proc. of AAAI*. DOI: 10.1186/s13640-019-0476-x 51

B. Yang, W.-t. Yih, X. He, J. Gao, and L. Deng. 2015a. Embedding entities and relations for learning and inference in knowledge bases. In *Proc. of ICLR*. 71

C. Yang, Z. Liu, D. Zhao, M. Sun, and E. Y. Chang. 2015b. Network representation learning with rich text information. In *Proc. of IJCAI*, pages 2111 – 2117. 2

Z. Yang, W. W. Cohen, and R. Salakhutdinov. 2016. Revisiting semi-supervised learning with graph embeddings. *ArXiv Preprint ArXiv:1603.08861*. 87

L. Yao, C. Mao, and Y. Luo. 2019. Graph convolutional networks for text classification. In *Proc. of AAAI*, 33:7370 – 7377. DOI: 10.1609/aaai. v33i01.33017370 78

R. Ying, R. He, K. Chen, P. Eksombatchai, W. L. Hamilton, and J. Leskovec. 2018a. Graph convolutional neural networks for web-scale recommender systems. In *Proc. of SIGKDD*. DOI: 10.1145/3219819.3219890 53, 67, 74, 92

Z. Ying, J. You, C. Morris, X. Ren, W. Hamilton, and J. Leskovec. 2018b. Hierarchical graph representation learning with differentiable pooling. In *Proc. of NeurIPS*, pages 4805 – 4815. 55, 67

J. You, B. Liu, Z. Ying, V. Pande, and J. Leskovec. 2018a. Graph convolutional policy network for goal-directed molecular graph generation. In *Proc. of NeurIPS*, pages 6410 – 6421. 83

J. You, R. Ying, X. Ren, W. Hamilton, and J. Leskovec. 2018b. GraphRNN: Generating realistic graphs with deep auto-regressive models. In *Proc. of ICML*, pages 5694 – 5703. 83

B. Yu, H. Yin, and Z. Zhu. 2018a. Spatio-temporal graph convolutional networks: A deep learning framework for traffic forecasting. In *Proc. of IJCAI*. DOI: 10.24963/ijcai.2018/505 50

F. Yu and V. Koltun. 2015. Multi-scale context aggregation by dilated convolutions. *ArXiv Preprint ArXiv:1511.07122*. 45

W. Yu, C. Zheng, W. Cheng, C. C. Aggarwal, D. Song, B. Zong, H. Chen, and W. Wang. 2018b. Learning deep network representations with adversarially regularized autoencoders. In *Proc. of SIGKDD*. DOI: 10.1145/3219819.3220000 56

R. Zafarani and H. Liu, 2009. Social computing data repository at ASU. http://socialcomp uting.asu.edu 87

M. Zaheer, S. Kottur, S. Ravanbakhsh, B. Poczos, R. R. Salakhutdinov, and A. J. Smola. 2017. Deep sets. In *Proc. of NIPS*, pages 3391–3401. 59, 64

V. Zayats and M. Ostendorf. 2018. Conversation modeling on reddit using a graph-structured LSTM. *TACL*, 6:121–132. DOI: 10.1162/tacl_a_00009 35

D. Zhang, J. Yin, X. Zhu, and C. Zhang. 2018a. Network representation learning: A survey. *IEEE Transactions on Big Data*. DOI: 10.1109/tbdata.2018.2850013 2

F. Zhang, X. Liu, J. Tang, Y. Dong, P. Yao, J. Zhang, X. Gu, Y. Wang, B. Shao, R. Li, et al. 2019. OAG: Toward linking large-scale heterogeneous entity graphs. In *Proc. of SIGKDD*. DOI: 10.1145/3292500.3330785 72

J. Zhang, X. Shi, J. Xie, H. Ma, I. King, and D.-Y. Yeung. 2018b. GaAN: Gated attention networks for learning on large and spatiotemporal graphs. In *Proc. of UAI*. 40

Y. Zhang, Q. Liu, and L. Song. 2018c. Sentence-state LSTM for text representation. In *Proc. of ACL*, 1:317–327. DOI: 10.18653/v1/p18-1030 36, 75, 78, 79

Y. Zhang, P. Qi, and C. D. Manning. 2018d. Graph convolution over pruned dependency trees improves relation extraction. In *Proc. of EMNLP*, pages 2205–2215. DOI: 10.18653/v1/d18-1244 79

Y. Zhang, Y. Xiong, X. Kong, S. Li, J. Mi, and Y. Zhu. 2018e. Deep collective classification in heterogeneous information networks. In *Proc. of WWW*, pages 399–408. DOI: 10.1145/3178876.3186106 48

Z. Zhang, P. Cui, and W. Zhu. 2018f. Deep learning on graphs: A survey. *ArXiv Preprint ArXiv:1812.04202*. 3

J. Zhou, X. Han, C. Yang, Z. Liu, L. Wang, C. Li, and M. Sun. 2019. Gear: Graph-based evidence aggregating and reasoning for fact verification. In *Proc. of ACL*. DOI: 10.18653/v1/p19-1085 81, 82

H. Zhu, Y. Lin, Z. Liu, J. Fu, T.-S. Chua, and M. Sun. 2019a. Graph neural networks with generated parameters for relation extraction. In *Proc. of ACL*. DOI: 10.18653/v1/p19-1128 79

R. Zhu, K. Zhao, H. Yang, W. Lin, C. Zhou, B. Ai, Y. Li, and J. Zhou. 2019b. Aligraph: A comprehensive graph neural network platform.

arXiv preprint arXiv:1902.087.30. 89

Z. Zhu, S. Xu, M. Qu, and J. Tang. 2019c. Graphite: A high-performance cpu-gpu hybrid system for node embedding. In *The World Wide Web Conference*, pages 2494 – 2504, ACM. 89

C. Zhuang and Q. Ma. 2018. Dual graph convolutional networks for graph-based semisupervised classification. In *Proc. of WWW*. DOI: 10.1145/3178876.3186116 28

J. G. Zilly, R. K. Srivastava, J. Koutnik, and J. Schmidhuber. 2016. Recurrent highway networks. In *Proc. of ICML*, pages 4189 – 4198. 43

M. Zitnik and J. Leskovec. 2017. Predicting multicellular function through multi-layer tissue networks. *Bioinformatics*, 33(14):i190 – i198. DOI: 10.1093/bioinformatics/btx252 87

M. Zitnik, M. Agrawal, and J. Leskovec. 2018. Modeling polypharmacy side effects with graph convolutional networks. *Bioinformatics*, 34(13):i457 – i466. DOI: 10.1093/bioinformatics/bty294 70

찾아보기

그래프 신경망 입문

발 행 | 2022년 4월 29일

지은이 | 즈위안 리우 · 지에 저우
옮긴이 | 정 지 수

펴낸이 | 권 성 준
편집장 | 황 영 주
편 집 | 조 유 나
　　　 김 다 예
디자인 | 송 서 연

에이콘출판주식회사
서울특별시 양천구 국회대로 287 (목동)
전화 02-2653-7600, 팩스 02-2653-0433
www.acornpub.co.kr / editor@acornpub.co.kr

한국어판 ⓒ 에이콘출판주식회사, 2022, Printed in Korea.
ISBN 979-11-6175-640-0
http://www.acornpub.co.kr/book/graph-neural-networks

책값은 뒤표지에 있습니다.